中职中专会计专业系列教材

会计电算化

（第二版）

刘 凯 主 编

向 兰 副主编

科学出版社

北京

内 容 简 介

编者以培养中职生职业能力为导向，以适应中小企业会计核算的用友畅捷通T3软件为基础，以企业会计核算工作的全过程为主线编写本书。本书内容以会计核算软件的功能模块为主干，结合工业企业的具体会计业务对软件操作进行说明，涉及会计电算化概述、系统初始化、账务处理系统、报表管理系统、工资管理系统、固定资产管理系统、购销存管理系统等理论知识，并以图文并茂的形式详尽地阐述会计软件各功能系统的操作流程与使用技巧，通过一系列与教学内容紧密相关的模拟实训强化学生专业技能的培养，具有较高的实用性和操作性。

本书可作为中等职业学校会计专业教材，也可供广大财会人员上岗培训使用。

图书在版编目（CIP）数据

会计电算化/刘凯主编. —2 版. —北京：科学出版社，2020.8
（中职中专会计专业系列教材）
ISBN 978-7-03-065576-9

Ⅰ. ①会… Ⅱ. ①刘… Ⅲ. ①会计电算化-中等专业学校-教材
Ⅳ. ①F232

中国版本图书馆 CIP 数据核字（2020）第 108428 号

责任编辑：贾家琛 王 琳 / 责任校对：王 颖
责任印制：吕春珉 / 封面设计：艺和天下

科 学 出 版 社 出版
北京东黄城根北街 16 号
邮政编码：100717
http://www.sciencep.com
北京鑫丰华彩印有限公司印刷
科学出版社发行 各地新华书店经销

*

2012 年 9 月第 一 版 开本：787×1092 1/16
2020 年 8 月第 二 版 印张：13 1/4
2020 年 8 月第十二次印刷 字数：311 000
定价：37.00 元
（如有印装质量问题，我社负责调换〈鑫华〉）
销售部电话 010-62136230 编辑部电话 010-62135763-2041

中职中专会计专业系列教材编委会

第二版前言

会计电算化是会计类专业主干课程之一，学生通过该课程的学习能全面掌握会计软件的操作要领，能尽快地适应工作单位的会计电算化要求，为将来所从事的会计工作打下坚实基础。为了使中等职业学校的会计专业课程教学符合精品课程建设的要求，能更好地将课堂教学工作与会计职业工作相衔接，编者编写了本书。

本书为适应模块式教学体系的要求，改变了原有中等职业教材偏重于理论教学的模式，以大量贴近实际会计工作的理论练习和上机实践活动丰富教材内容，体现了"教学做"合一的原则，让学生在学中做、做中学，提高学生的学习兴趣，增强学生的动手操作能力。本书使用的会计软件版本为用友畅捷通 T3——企业管理信息化软件教育专版——营改增版。

本书自 2012 年第一版出版以来，以其详尽的理论阐述、全面的操作演示和丰富的练习内容，深受教师与学生的喜爱。随着会计制度和税收制度的深化改革以及会计软件的更新迭代，第一版的部分内容已不适应时代的需求。为此，编者以财政部最新颁布的《企业会计准则》和相关制度为依据，调整了部分例题和练习的税率，以实现与最新税制相接轨。本书根据最新会计软件的版本替换了相关的教学图片，以方便教师参考和学生练习。将原有的第八章综合练习分散到各个章节，成为每章的课后练习；重新编写了第八章综合练习，补充了工资管理系统和固定资产管理系统的内容，重构了完整的购销存管理系统的练习。

本书由长沙财经学校刘凯负责拟定编写大纲，并组织人员安排写作及负责协调工作。其中第 1 章、第 3 章由长沙财经学校刘凯编写，第 2 章由长沙财经学校向兰编写，第 4 章由长沙财经学校蒋隽编写，第 5 章由长沙县职业中专学校张仙编写，第 6 章由长沙财经学校邓玎玲编写，第 7 章由浙江省缙云县职业中等专业学校朱静编写，第 8 章由长沙财经学校杨倩编写，长沙财经学校戴美玲负责编写各章练习题与实训题。

编者在编写本书的过程中得到了长沙财经学校的领导和会计教研组有关教师的大力支持，在此深表感谢。由于编者水平有限，不足之处在所难免，欢迎广大读者提出宝贵意见和建议。

第一版前言

中等职业教育的合格毕业生应同时具备知识素质和技能素质，学生知识与技能素质的培养涉及方方面面，教材的选择与使用是其中重要的一环。会计电算化是会计学科中一门应用性和技术性极强的经济管理学科。为了使会计专业课程的教学符合精品课程建设"以职业岗位为课程目标，以职业标准为课程内容，以教学模块为课程结构，以最新技术为课程视野，以职业能力为课程核心"的要求，我们编写了本书。

本书以财政部最新颁布的《企业会计准则》和相关会计制度为依据，以会计核算软件的主要功能模块与企业会计实际工作需要为基础，以国家会计从业资格证会计电算化考试基本要求为标准，以"适应时代要求、体现职业特点、着眼能力培养、精简教学内容、提高学生学习兴趣"为原则进行编写，适应会计专业课程教学体系改革的要求，改革了现有中职教材模式和结构，突出教材内容的实践性与实用性，每章附有大量练习题，体现了教、学、做三者合一的原则，让学生在学中做、做中学，增强了学生的学习兴趣，提高了学生的动手操作能力。

本书由刘凯（长沙财经学校）负责拟定编写大纲，并组织人员安排写作及协调工作。其中，第1章、第3章、第7章由刘凯编写，第2章由向兰编写，第4章、第5章由黄静编写，第6章由邓琤玲编写，第8章由何芳芳编写。中国特种设备检测研究院财务处王爱玲对本书进行审读，并按照行业规范和行业操作实际情况对书中的部分内容做了修改。本书在编写过程中得到了长沙财经学校领导和会计教研组有关教师的大力支持，在此深表感谢。

由于编者水平有限，不足之处在所难免，欢迎广大读者提出宝贵意见和建议。

目 录

第1章 会计电算化概述 ……………………………………………………………… 1

1.1 会计电算化的基本概念及意义 ……………………………………………… 1

1.2 会计电算化软件概述 ………………………………………………………… 3

练习题 ……………………………………………………………………………… 6

第2章 系统初始化 ………………………………………………………………… 8

2.1 建立账套 ……………………………………………………………………… 9

2.2 财务分工 ……………………………………………………………………… 14

2.3 基础档案设置 ………………………………………………………………… 17

2.4 系统管理 ……………………………………………………………………… 24

练习题 ……………………………………………………………………………… 26

实训1 新建账套与人员设置 …………………………………………………… 27

实训2 基础档案设置 …………………………………………………………… 29

实训3 会计科目设置 …………………………………………………………… 32

实训4 期初余额与其他设置 …………………………………………………… 34

第3章 账务处理系统 ……………………………………………………………… 37

3.1 凭证处理 ……………………………………………………………………… 38

3.2 账簿管理 ……………………………………………………………………… 51

3.3 期末账务处理 ………………………………………………………………… 56

3.4 对账和结账 …………………………………………………………………… 60

练习题 ……………………………………………………………………………… 63

实训5 辅助余额录入、凭证录入 ……………………………………………… 64

实训6 记账凭证录入 …………………………………………………………… 66

实训7 凭证其他处理 …………………………………………………………… 67

实训8 期末处理与账簿查询 …………………………………………………… 69

第4章 报表管理系统 ……………………………………………………………… 71

4.1 会计报表管理系统概述 ……………………………………………………… 71

4.2　报表格式设计 ···································· 73
4.3　报表数据处理 ···································· 82
练习题 ··· 86
实训 9　会计报表上机练习 ······················ 88

第 5 章　工资管理系统 ································ 90
5.1　工资管理系统概述 ······························ 90
5.2　工资管理系统初始化设置 ······················ 91
5.3　工资管理系统日常处理 ························ 97
5.4　账表查询与月末处理 ·························· 103
练习题 ·· 105
实训 10　工资管理系统上机练习 ················ 107

第 6 章　固定资产管理系统 ························ 110
6.1　固定资产管理系统概述 ······················ 110
6.2　固定资产管理系统初始化设置 ················ 111
6.3　固定资产管理系统日常处理 ·················· 120
6.4　账表查询与期末处理 ························ 129
练习题 ·· 133
实训 11　固定资产管理系统上机练习 ············ 135

第 7 章　购销存管理系统 ·························· 138
7.1　购销存管理系统概述 ························ 138
7.2　购销存管理系统初始化设置 ·················· 142
7.3　购销存管理系统日常核算 ···················· 151
7.4　账表查询与月末处理 ························ 162
练习题 ·· 167
实训 12　购销存管理系统上机练习 ·············· 168

第 8 章　综合实训 ································ 171
8.1　系统初始化操作 ······························ 171
8.2　凭证业务处理 ································ 179
8.3　工资管理系统业务处理 ······················ 181
8.4　固定资产管理系统业务处理 ·················· 184
8.5　购销存管理系统业务处理 ···················· 187

8.6　月末处理 ………………………………………………………………… 193

8.7　会计报表 ………………………………………………………………… 195

参考文献 …………………………………………………………………… 197

第1章　会计电算化概述

学习目标

1. 理解会计电算化的基本概念。
2. 掌握会计电算化的意义。
3. 理解会计核算软件的概念和分类。
4. 熟练掌握会计核算软件与手工会计核算的异同点。

案例导入

宁静是某市财经学校的二年级学生。在经过一年多的会计专业知识学习以后，她学到了许多会计的基本理论知识，也掌握了不少企业日常会计业务的处理方法。但令她感到疑惑的是，平时会计分录题都是写在作业本上的；会计实训课中，分录写在记账凭证上，还要根据凭证来登记各种各样的账簿；在实际工作中，会计人员也是这样做的吗？其实不然，现实生活中，会计人员会采用计算机来完成各项会计工作，这简化了传统会计业务的一些流程，加快了会计业务处理的速度，提高了会计工作的质量。宁静这个学期要学习的"会计电算化"课程正是介绍如何利用计算机来完成会计处理的。

那么会计电算化究竟是一门什么样的课程？采用计算机进行会计处理有什么优势？专门用于会计核算的软件又是什么呢？带着这些问题，我们和宁静一起来学习。

1.1　会计电算化的基本概念及意义

1.1.1　会计电算化的基本概念

会计电算化产生于 20 世纪 50 年代。1954 年，美国通用电气公司第一次用计算机计算职工工资，开创了应用电子数据处理会计的新纪元。我国于 1979 年首次在长春第一汽车制造厂进行计算机在会计中的应用试点工作。1981 年，在财政部、第一机械工业部和中国会计学会的支持下，中国人民大学和长春第一汽车制造厂联合召开了"财务、会计、成本应用电子计算机专题讨论会"，在会议上正式把计算机在会计工作中的应用简称为"会计电算化"。从这个阶段开始，"会计电算化"一词便被广泛使用开来。

通俗而言，会计电算化是以电子计算机为主，应用会计软件与相应的计算机技术来完成会计业务处理的一种经济管理活动。它实现了数据处理的自动化，使传统的手工会计信息系统发展演变成为会计电算化信息系统。随着对会计电算化研究的深入，会计电算化学科已经成为会计学科的新兴分支，是一门融会计学、管理学、电子计算机技术、信息技术、网络通信技术为一体的交叉学科。会计电算化的内涵也在不断扩展和延伸，即将计算机技术在会计工作中的所有应用都列入会计电算化内容中。

因此，"会计电算化"一词有了广义和狭义两层含义。狭义的会计电算化是指把电子计算机和现代计算机技术应用到会计工作中，是用电子计算机替代人工记账、算账和报账，以及自动完成部分会计信息的分析、预测和决策的过程。广义的会计电算化是指与会计工作电算化有关的所有工作，包括会计电算化软件的开发与应用、会计电算化人才的培训、会计电算化的宏观规划、会计电算化的制度建设、会计电算化软件市场的培育与发展等。

1.1.2 会计电算化的意义

会计电算化是会计发展史上的一次重大变革，对于提高会计核算工作质量，促进会计职能转变，提高会计人员素质，促进会计核算手段变革有着十分重要的意义。

1. 提高了会计核算工作的质量

实现会计电算化后，只要将原始会计数据输入计算机，大量的数据计量、分类、汇总，以及记账、算账、报表编制等工作就都由计算机自动完成。这样就能够规范会计核算工作，避免手工操作带来的人为因素干扰，大大减少了人为差错，有利于提高会计核算工作的质量。

2. 促进了会计职能的转变

手工会计处理由于业务繁重、计算汇总量大、容易产生差错等，会计人员仅能在会计核算和监督范围内完成本职工作，无暇执行会计预测、分析、决策等职能。采用会计电算化处理以后，可以使会计人员从繁忙的日常会计业务中摆脱出来，有更多的时间和精力参与企业的经营管理，能在履行会计核算和监督的基本职能之上，更多地发挥其管理、预测、决策、控制等功能。

3. 提高了会计人员的素质

在手工会计处理方式下，会计人员只要掌握专业的会计理论知识就足够了。而在会计电算化条件下，会计人员不再局限于会计专业知识范畴，而是随着信息化的发展，不断补充更新管理技术、计算机技术、网络通信技术等现代化知识，通过对知识结构的优化，提升自身素质。

4. 促进了会计核算手段的变革

会计核算工作数据量大，对提供的会计信息准确性和及时性要求很高，而电子计算机具有高速度、高容量和高效率的特点，在数据记录、汇总、查询和分析等方面，能将手工操作的速度提高成百上千倍，并可随时从计算机中获取需要的数据，能够大大提高会计工作效率，保证会计信息的及时提供。

1.2　会计电算化软件概述

1.2.1　会计核算软件的概念和分类

1. 会计核算软件的概念

会计核算软件是指专门用于会计核算工作的计算机应用软件，包括采用各种计算机语言编制的用于会计核算工作的计算机程序。

凡是具备独立完成会计数据输入、输出和处理功能的软件，如账务处理软件、固定资产核算软件、工资核算软件、长期股权投资核算软件、金融资产核算软件等，都可以视为会计核算软件。

2. 会计核算软件的分类

会计核算软件按通用性划分，可分为通用会计核算软件和专用会计核算软件；按硬件结构划分，可分为单用户会计核算软件和多用户会计核算软件。

（1）通用会计核算软件与专用会计核算软件

通用会计核算软件一般是指由专业软件公司研制，公开在市场上销售，能适应不同行业、不同单位会计核算与管理基本需要的会计核算软件。它通常又分为适用于各行业的全国通用会计核算软件和适用于某一行业的行业通用会计核算软件。其优点是可由企业根据实际情况设定会计核算的规则和方法，较为灵活；可以多个单位、多次使用；软件开发水平较高，通用性强。其缺点是没有考虑到不同用户的会计核算个性，企业初始化的工作量大。

专用会计核算软件是指仅适用于个别单位会计业务的会计核算软件，通常由企业自行开发或委托他人开发，将会计核算方法固化到程序中。其优点是适合本单位会计电算化工作的需要，针对性强。其缺点是灵活性差，在会计制度变革的情况下，只有修改程序才能满足会计工作的需求。

（2）单用户会计核算软件和多用户会计核算软件

单用户会计核算软件是指该软件安装在一台计算机或几台终端上，每台计算机的会计核算软件独立运行，生成的数据只存储在各自的计算机上，计算机之间不能直接进行数据交换与共享。

多用户会计核算软件是指将会计核算软件安装在一个多用户系统的主机上，该系统的各个终端可以同时运行软件，且不同终端上的会计人员能共享信息。目前，大多数大中型企业使用的是多用户会计核算软件。

3. 会计核算软件功能模块

会计核算软件功能模块是指会计核算软件中具有相对独立的会计数据输入、处理和输出功能的各个组成部分。各个功能是按照会计工作的内容和流程来划分的，在软件中又被称为子系统。

会计核算软件一般分为账务处理、财务报表、工资、固定资产、库存、销售、应收应付往来管理、财务分析等不同功能模块。其中账务处理模块是会计核算软件的核心模块，该模块以记账凭证为接口，与其他模块有机地连接在一起。各功能模块之间（即各子系统之间）相互作用的关联关系，表现为数据传递联系和控制联系两种关系，而会计软件各子系统之间主要为数据传递联系。

以用友畅捷通 T3 软件为例，各功能模块如图 1-1 所示。

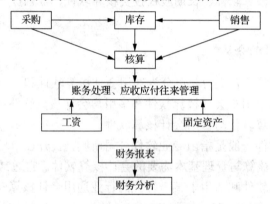

图 1-1　会计核算软件各功能模块

1.2.2　会计软件核算与手工会计核算的异同点

1. 会计软件核算与手工会计核算的相同点

（1）两者目标一致

两者的目标都是对会计主体的经济活动进行会计核算，为国家、企业及相关机构提供企业的财务状况和经营成果信息，最终达到提高经济效益的目的。无论是手工会计核算还是会计软件核算，其目标都不会发生改变。

（2）两者遵循共同的会计法律、法规和会计准则、制度

会计法律、法规是开展会计工作的法律依据，会计准则和制度是指导会计工作的规范。会计核算软件在编写时就严格地遵循现行的会计法规、准则、制度，在实际运用和制度管理上更是与手工会计核算保持一致，不会因为使用计算机而发生改变。

（3）两者遵循共同的基本会计理论和会计方法

会计电算化的发展，必然会引起会计理论和方法上的改变，但两者所遵循的基本会计理论和会计方法还是一样的。在会计核算软件中，如会计恒等式、复式记账等基本原理仍与手工会计核算相同。

（4）两者的会计数据处理流程大体一致

无论是手工会计核算还是会计软件核算，都要经过原始凭证的收集，记账凭证的填制、审核，以及记账、结账、编制会计报表等一系列过程。会计软件核算只是在上述处理过程中的某些环节采用了计算机自动处理。总体来看，会计软件核算的基本流程实质上还是模仿手工会计核算流程的。

2. 会计软件核算与手工会计核算的不同点

（1）会计核算工具不同

手工会计核算以算盘、机械或电子计算器作为主要的运算工具，由于其不能存储计算结果，不得不边运算边记录，工作量大，速度慢。会计核算软件使用的工具以电子计算机为主，数据处理过程由计算机按程序自动完成，能随时存储计算结果。

（2）会计信息载体不同

手工会计核算的所有信息都以纸张为载体，占用空间大，保管不易，查找困难。会计核算软件除必需的会计资料，均可用磁性介质（磁盘、磁带）或光盘作为信息的载体，该载体的特点是占用空间小，查找方便，能利用网络进行远程传输。

（3）记账规则不完全相同

1）账簿的存在方式不同。手工会计核算中，日记账、总账采用订本式，明细账可以采用订本式或活页式。在会计核算软件中，打印出来的账簿主要是折叠式账页。

2）账簿的修改和结账方法不同。手工账簿的错误可以采用划线更正法、红字冲销法、补充登记法进行更正。而电算化账簿只能采用红字冲销法或补充登记法更改错误，不能采用划线更正法。

3）登记账簿的方式不同。手工记账采用平行登记法分别登记总分类账和明细分类账，以防止登账出现差错。会计核算软件登账操作由计算机自动完成，只要记账凭证录入正确，就能保证账簿的正确性。

（4）账务处理程序存在差别

手工会计核算的账务处理程序按登记总账的方式不同，分为记账凭证核算程序、科目汇总表核算程序、汇总记账凭证核算程序和日记账核算程序。其目的是根据企业实际

情况，简化登账工作。而会计核算软件采用计算机处理会计账簿数据，速度快、准确无误，不会因为账簿数据量大而影响记账工作。所以不用区分登记总账的方式，也不用区分账务处理流程类型。

（5）内部控制方式不同

手工会计核算主要依靠会计人员在工作中遵守各项规章制度，按照业务流程，加强各岗位间的审核、监督工作来达到内部控制的目的。在会计核算软件中，对手工的内部控制方式做了必要的变更，如取消了账证核对、账表核对等核对方式，保留了签字、盖章等控制方式，增加了人员权限、凭证序时控制等内容。内部控制由以往的人工控制转变为软件控制与人工控制相结合，向综合控制方向发展。

（6）会计机构及人员分工不同

手工会计核算中，会计岗位一般分为出纳、工资、固定资产、材料、成本核算等不同岗位，并设专人负责记账和报表编制等工作，其人员组成主要为会计专业人员。会计核算软件中，会计岗位分为录入、审核、维护等岗位，人员由会计专业人员、计算机软硬件及操作员等构成。

练 习 题

练习题答案1

一、单选题

1．我国于（　　）年开始进行计算机在会计中的应用试点工作。

    A．1954   B．1979   C．1981   D．2001

2．会计核算软件是指专门用于会计核算工作的（　　）。

    A．计算机操作系统   B．计算机硬件系统

    C．计算机模型   D．计算机应用软件

3．（　　）是会计核算软件的核心模块。

    A．工资模块   B．账务处理模块

    C．销售模块   D．成本核算模块

4．手工会计核算的所有信息以（　　）为载体。

    A．磁盘   B．光盘   C．纸张   D．U盘

5．会计软件各子系统之间主要为（　　）联系。

    A．数据控制   B．数据传递   C．数据分析   D．数据归纳

二、多选题

1．广义的会计电算化包括（　　）。

    A．会计软件的开发应用   B．会计电算化人才的培训

C．会计电算化的宏观规划　　　　D．会计电算化软件市场的培育与发展

2．会计电算化的意义包括（　　　）。

A．提高了会计核算工作的质量　　B．延缓了会计职能的转变

C．变相降低了会计人员素质　　　D．促进了会计核算手段的变革

3．下列属于会计核算软件的有（　　　）。

A．Excel 软件　　　　　　　　　B．账务处理软件

C．工资核算软件　　　　　　　　D．金融资产核算软件

4．会计核算软件按硬件结构划分，分为（　　　）。

A．通用会计软件　　　　　　　　B．单用户会计核算软件

C．多用户会计核算软件　　　　　D．专用会计软件

5．下列属于会计核算软件与手工会计核算不同点的有（　　　）。

A．会计核算工具不同　　　　　　B．会计信息载体不同

C．记账规则不完全相同　　　　　D．会计机构与人员分工不同

三、判断题

1．1981 年，在"财务、会计、成本应用电子计算机专题讨论会"会议上，正式把计算机在会计工作中的应用简称为"会计电算化"。　　　　　　　　　　（　　　）

2．狭义的会计电算化是指把电子计算机应用到会计工作中。　　　　（　　　）

3．通用会计核算软件将会计核算方法固化到程序中。其优点是适合本单位会计电算化工作的需要，针对性强。　　　　　　　　　　　　　　　　　　　　（　　　）

4．会计核算软件功能模块是指会计核算软件中具有相对独立的会计数据输入、处理和输出功能的各个组成部分。　　　　　　　　　　　　　　　　　　　　（　　　）

5．会计软件核算与手工会计核算在目标上保持一致，遵循相同的会计法规、会计制度和基本理论、方法，但数据处理流程不相同。　　　　　　　　　　　（　　　）

第 2 章　系统初始化

学习目标

1. 了解账套的建立过程，理解财务分工的具体设置。
2. 掌握部门档案、职员档案、客户分类及档案，以及供应商分类及档案的设置。
3. 熟练掌握会计科目的建立、修改和删除操作。
4. 掌握总账和辅助账的期初余额录入。
5. 了解初始化的其他设置。

案例导入

　　宁静通过 3 个多月的勤奋学习，具备了从事会计工作所需要的专业能力。学校根据她以往的学习和表现情况，推荐她到含光财务咨询公司实习。宁静到公司以后，负责人事管理的肖总经理按照与校方签订的实习协议，将她安排到业务一部，并由孙经理培训。孙经理热情地接待了这位新来的实习生，考虑到宁静对企业会计业务的实际操作不熟悉，所以先将业务部已经完成的企业案例交给宁静，让其对该公司的资料进行整理并做好初始化工作。宁静看着该公司的营业执照复印件、税务登记证的复印件、客户和供应商档案表、部门及职员表、会计总账及明细账等诸多资料，思考着这几个问题：公司的会计软件初始化该如何开始？这些客户、供应商及部门职员资料在哪里输入？要增加的会计科目和账户余额填在哪里？

　　系统初始化是会计核算软件启用的基础，会计核算软件的正常运行离不开初始化设置的规范、及时和完整。系统初始化是指将手工会计的业务移植到电算化系统中所进行的一系列准备工作。它是会计电算化中一项非常重要的工作，是整个会计电算化工作的前提和基础。

　　系统初始化工作的好坏将直接影响系统运行后的准确性和工作效率的高低，系统初始化工作未完成，会计核算软件将无法进行日常使用和操作。

　　在实际工作中，为保证高质量地完成系统初始化任务，应按照管理一体化系统的要求，针对企业自身的业务特点，对企业当前的业务资料、管理资料、业务流程、管理方法等内容进行整理和规划，做好必要的前期准备工作。例如，整理基础的会计业务数据，建立会计账户体系并确定编码等。

系统初始化的操作流程，如图 2-1 所示。

建立账套 → 财务分工 → 设置分类档案 → 建立会计科目 → 输入期初余额 → 其他设置

图 2-1　系统初始化的操作流程

2.1　建　立　账　套

在使用用友畅捷通 T3 软件之前，先要启动该财会软件。

2.1.1　系统注册

用友畅捷通 T3 软件各模块之间既相互独立，又相互联系，协同运行。为实现一体化管理，用友软件设立了一个独立的系统管理模块，它为各子系统提供统一的环境，对整个系列产品的公共任务进行统一管理。

操作过程如下：

1. 启动"系统管理"模块

方法 1：利用"开始"菜单启动"系统管理"模块。

如图 2-2 所示，依次执行"开始"→"所有程序"→"T3 企业管理信息化软件教育专版"→"T3"→"系统管理"命令。

图 2-2　启动"系统管理"模块

方法 2：双击桌面上的"系统管理"快捷图标，启动"系统管理"模块。

2. "系统管理"注册

启动"系统管理"模块后，系统允许以两种身份注册进入：一种是以"系统管理员"的身份进入；另一种是以"账套主管"的身份进入。

（1）以"系统管理员"的身份进入

"系统管理员"负责整个系统的控制和维护工作，可以管理该系统中的所有账套，可以进行账套的建立、引入和输出，设置操作员和账套主管，设置和修改操作员的密码及其权限等。

第一次运行该软件时因还未建立核算单位的账套，所以应以"系统管理员"的身份登录。此时，"系统管理员"并没有设置密码，即密码为空。为了保证系统的安全性，可以更改"系统管理员"的密码。

操作过程如下：

在运行的"系统管理"窗口中，执行"系统"菜单中的"注册"命令。在"注册—控制台"对话框中输入用户名、密码等，并单击"确定"按钮，如图 2-3 所示。

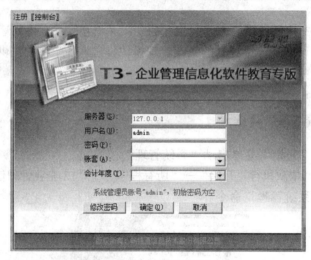

图 2-3　"注册—控制台"对话框

（2）以"账套主管"的身份进入

账套主管负责所选账套的维护工作，主要包括对所选账套进行修改，对年度账的管理（包括创建、输出、引入、清空及各子系统的年末结转，所选账套的数据备份等），以及该账套操作员权限的设置。

2.1.2　建立账套的操作过程

核算单位的一套独立的、完整的账簿体系称为账套，其包括一个单位在会计电算化系统中的所有会计资料，即一套会计数据文件。一个企业可建立一个账套，通用会计核算软件一般允许同时管理多个单位的账。账套管理工作包括账套的建立、修改、输出和引入等。

操作过程如下：

1）在打开的"系统管理"窗口中，执行菜单栏"账套"→"建立"命令，如图2-4所示。

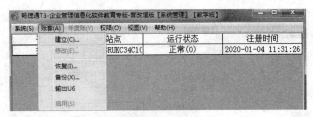

图2-4　在"系统管理"窗口中建立账套

2）在打开的"创建账套"对话框中输入账套信息后，单击"下一步"按钮，如图2-5所示。

图2-5　输入账套信息

3）在"创建账套"对话框中输入企业基本信息后，单击"下一步"按钮，如图2-6所示。

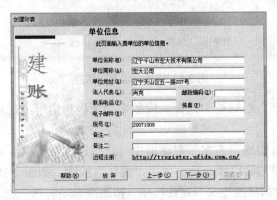

图2-6　输入单位信息

4）在"创建账套"对话框中输入本币代码、本币名称、企业类型、行业性质、账套主管等信息后，单击"下一步"按钮，如图2-7所示。

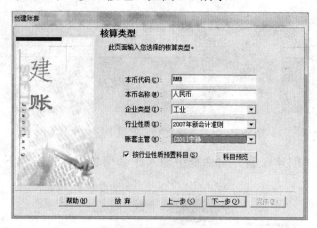

图2-7　输入核算类型

5）在"创建账套"对话框中依次选择对应的其他基础信息后，单击"下一步"按钮，如图2-8所示。

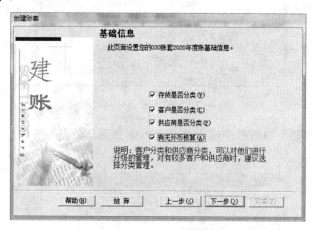

图2-8　设置其他基础信息

6）在"创建账套"对话框中选择对应的采购流程和销售流程后，单击"完成"按钮，如图2-9所示。

7）在打开的"分类编码方案"对话框中（这些设置可在以后的"基础设置"中完成），按要求选择对应的编码级次后，单击"确认"按钮，如图2-10所示。

8）在打开的"数据精度定义"对话框中，按照要求填写对应的小数位后，单击"确认"按钮，如图2-11所示。

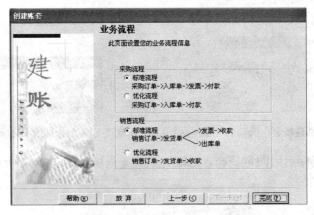

图 2-9 选择业务流程

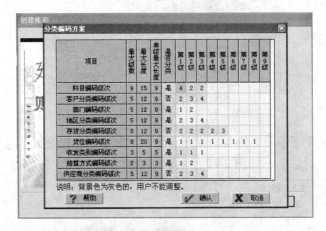

项目	最大级数	最大长度	单级最大长度	是否分类	第1级	第2级	第3级	第4级	第5级	第6级	第7级	第8级	第9级
科目编码级次	9	15	9	是	4	2	2						
客户分类编码级次	5	12	9	否	2	3	4						
部门编码级次	5	12	9	是	1	2							
地区分类编码级次	5	12	9	是	2	3	4						
存货分类编码级次	8	12	9	否	2	2	2	2					
货位编码级次	8	20	4	是	1	1	1	1	1	1	1	1	
收发类别编码级次	3	5	5	是	1	1	1						
结算方式编码级次	2	3	3	是	1	2							
供应商分类编码级次	5	12	9	否	2	3	4						

说明：背景色为灰色的，用户不能调整。

图 2-10 设置分类编码方案

图 2-11 定义数据精度

9）打开创建账套成功的提示对话框后，如图 2-12 所示。单击"确定"按钮，系统会打开"是否立即启用账套"信息提示对话框，如图 2-13 所示。如果单击"是"按钮，则进入"系统启用"对话框；如果单击"否"按钮，则以后通过其他方法启用账套。

图 2-12 "创建账套"成功的提示对话框　　图 2-13 启用账套提示对话框

10）启用账套即启用固定资产、总账、核算等模块，如图 2-14 所示。

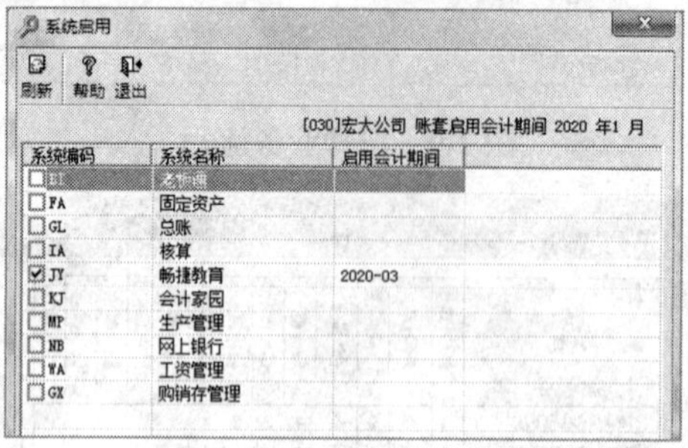

图 2-14 "系统启用"对话框

如果要启动某个子系统，则勾选该子系统前的复选框，使之处于选定状态，系统将自动打开"日历"对话框，如图 2-15 所示。选择启用的日期，并单击"确定"按钮。

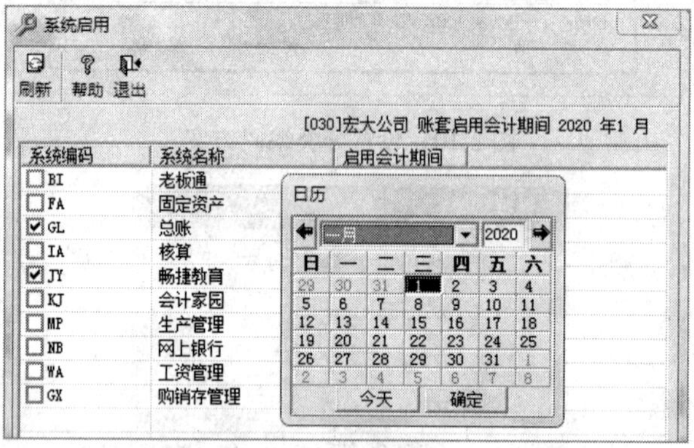

图 2-15 选择系统启用日期

2.2 财 务 分 工

财务分工又称操作员权限设置，即设置允许操作使用本系统的操作人员姓名及操作权限。一般来讲，凡是本单位的财务会计人员，均应有权操作本系统。按内部控制制度的要求，单位的财会人员应有严格的岗位分工，并赋予不同用户相应的权限，不允许越权操作。

系统管理员和账套主管可以增加、删除会计软件的操作人员，并为每一名操作人员设置工作权限。其他用户只有修改自己密码的权限，无权更改他人的操作权限。

2.2.1 增加操作员

操作过程如下：

1）在"系统管理"窗口中执行菜单栏"权限"→"操作员"命令，如图 2-16 所示。

图 2-16 执行"权限"→"操作员"命令

2）在打开的"操作员管理"对话框中单击"增加"按钮，打开"增加操作员"对话框，如图 2-17 所示。

图 2-17 "增加操作员"对话框

3）在"增加操作员"对话框中输入操作员的编号、姓名及口令等信息，单击"增加"按钮，如图 2-18 所示。

图 2-18 输入操作员信息

2.2.2 设置操作员权限

1. 设置账套主管权限

操作过程如下：

1）在"系统管理"窗口中执行菜单栏"权限"→"权限"命令，如图 2-19 所示。

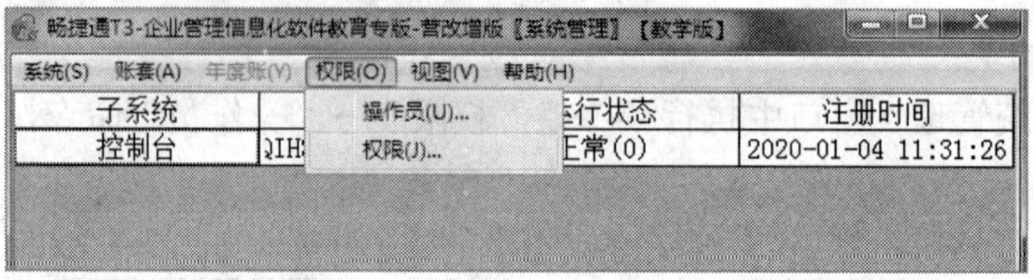

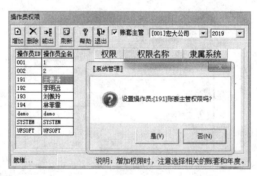

图 2-19 执行"权限"→"权限"命令

2）在打开的"操作员权限"对话框的左侧窗格选择对应的操作员，并在右上角选择对应的账套名及账套启用年份，再勾选"账套主管"复选框，系统会自动打开"系统管理"对话框，如图 2-20 所示。单击"是"按钮，则设置完成；单击"否"按钮，则需重新设置。

图 2-20 账套主管权限设置

2. 设置其他操作员的权限

操作过程如下：

1）在"操作员权限"对话框的左侧窗格选择对应的操作员，单击"增加"按钮，如图 2-21 所示。

2）自动打开"增加权限"对话框，左侧为"产品分类选择"窗格，右侧为"明细权限选择"窗格。双击"产品分类选择"下某系统名称左侧的"授权"空白栏，为操作员授予某个子系统的权限。若要为操作员授予某个明细权限，则先要单击左侧相应子系统的名称，再从右侧选项中找到明细权限的名称，双击明细权限名称左侧的"授权"空白栏，使之前面的授权框呈蓝色，最后单击"确定"按钮，如图 2-22 所示。

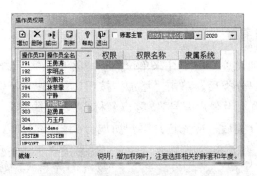

图 2-21　其他操作员权限设置

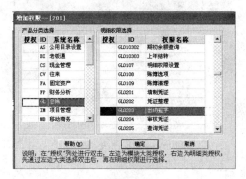

图 2-22　"增加权限"对话框

2.3　基础档案设置

基础档案设置包括部门档案、职员档案、项目档案、客户分类、客户档案、供应商分类、供应商档案等企业的基本信息的设置。

2.3.1　企业基础档案设置

操作过程如下：

1. 增加"客户类别"

执行菜单栏"基础设置"→"往来单位"→"客户分类"命令，打开"客户分类"窗口，如图 2-23 所示。单击"增加"按钮后，输入"类别编码""类别名称"，再单击"保存"按钮，如图 2-24 所示。

图 2-23　"客户分类"窗口

图 2-24　增加客户分类

2. 增加"客户档案"

执行菜单栏"基础设置"→"往来单位"→"客户档案"命令，打开"客户档案"窗口，选择对应的客户分类后，单击"增加"按钮，打开"客户档案卡片"对话框，如图 2-25 所示。在此输入"客户编号""客户名称""客户简称"等资料，然后单击"保存"按钮（设置客户分类后，应先选择客户所属分类码再增加客户档案资料）。

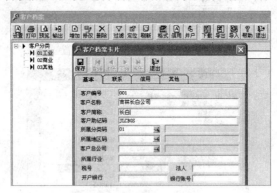

图 2-25　增加"客户档案"

3. 增加"供应商类别"

执行菜单栏"基础设置"→"往来单位"→"供应商分类"命令，打开"供应商分类"窗口，单击"增加"按钮，输入供应商分类资料，再单击"保存"按钮。其操作与客户类别的增加操作相似。

4. 增加"供应商档案"

执行菜单栏"基础设置"→"往来单位"→"供应商档案"命令，打开"供应商档案"窗口，选择对应的供应商分类后，单击"增加"按钮，打开"供应商档案卡片"对话框，如图 2-26 所示。输入供应商编号、名称及其他资料后，单击"保存"按钮。

5. 增加"部门档案"

执行菜单栏"基础设置"→"机构设置"→"部门档案"命令，打开"部门档案"对话框，单击"增加"按钮，在右侧空白区域输入对应内容，其中"部门编码""部门名称"为必录项，如图 2-27 所示。

6. 增加"职员档案"

执行菜单栏"基础设置"→"机构设置"→"职员档案"命令，打开"职员档案"对话框，在对应的职员信息区域填写对应内容，按 Enter 键或单击"增加"按钮保存，如图 2-28 所示。

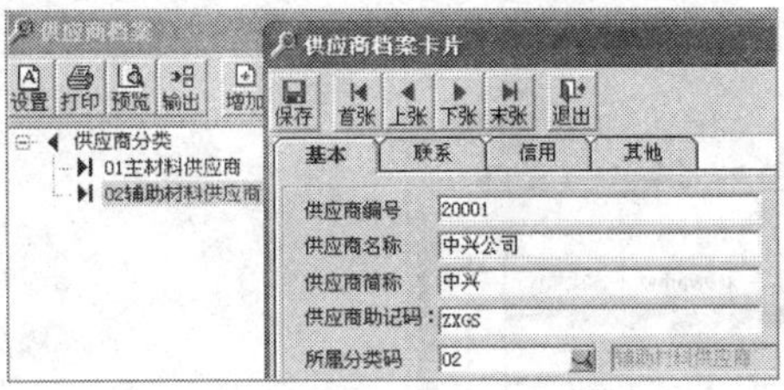

图 2-26 增加"供应商档案" 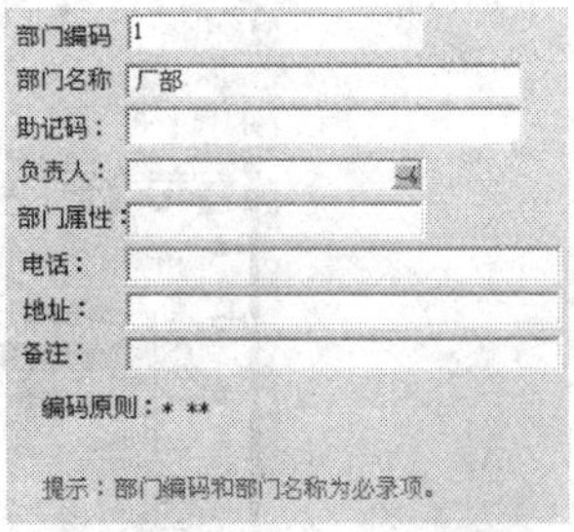   图 2-27 增加"部门档案"

图 2-28 增加"职员档案"

7. 设置结算方式

操作过程如下：

执行菜单栏"基础设置"→"收付结算"→"结算方式"命令，打开"结算方式"对话框，在右侧空白区域输入对应内容，单击"保存"按钮，如图 2-29 所示。

图 2-29 设置"结算方式"

2.3.2 会计科目设置

设置会计科目应由具有建账权限的人员进行，该设置是通用账务系统所有初始设置中工作量最大的，也是最重要的设置。大部分通用会计软件中已预设了一级会计科目，用户只需进一步设定其二级科目或明细科目即可。

1. 修改会计科目

操作过程如下：

1）执行菜单栏"基础设置"→"财务"→"会计科目"命令，打开"会计科目"

窗口，如图 2-30 所示。

图 2-30 "会计科目"窗口

2）单击"修改"按钮，可进入"会计科目_修改"对话框，如图 2-31 所示，再次单击"修改"按钮，可激活此对话框，进行修改。

图 2-31 "会计科目_修改"对话框

3）修改完毕，单击"确定"按钮，保存修改内容。再单击"返回"按钮，返回"会计科目"主界面。

2．增加会计科目

操作过程如下：

1）在"会计科目"主界面，单击"增加"按钮，可进入"会计科目_新增"对话框，如图 2-32 所示。

2）输入新增科目编码及名称等信息，如图 2-33 所示。

图 2-32　"会计科目_新增"对话框　　　　图 2-33　会计科目增加结果

3）单击"确定"按钮，保存新增的二级科目"银行存款—人民币户"。

3．删除会计科目

在"会计科目"窗口中选定要删除的科目，单击"删除"按钮，系统会打开"删除记录"信息对话框，如图 2-34 所示。提示"记录删除后不能修复！真的删除此记录吗？"，单击"确定"按钮则删除，单击"取消"按钮则不会删除。

图 2-34　"删除记录"信息提示对话框

2.3.3　其他设置

1．外币设置

外币币种及汇率的设置是为了便于会计核算软件正确进行外币核算，处理汇兑损益，为外币业务涉及的相关科目核算提供基础资料。

操作过程如下：

执行菜单栏"基础设置"→"财务"→"外币种类"命令，打开"外币设置"对话框，单击"增加"按钮，设置币符、币名及记账汇率等信息，再单击"确认"按钮保存输入资料，如图 2-35 所示。

2. 凭证类别设置

在使用计算机录入凭证之前，要在账务处理系统中设置凭证类别。常用的凭证有收款凭证、付款凭证、转账凭证，有时只采用一种记账凭证。

操作过程如下：

1）执行菜单栏"基础设置"→"财务"→"凭证类别"命令，打开"凭证类别预置"对话框，如图 2-36 所示。

图 2-35　设置外币

图 2-36　"凭证类别预置"对话框

2）设置好凭证类别后，单击"确定"按钮，打开"凭证类别"对话框，如图 2-37 所示。

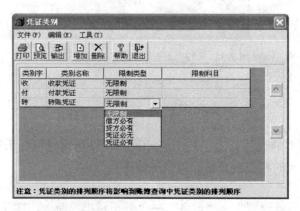

图 2-37　"凭证类别"对话框

3）对各类别可设置限制类型，如"无限制""借方必有""贷方必有""凭证必无""凭证必有"等，即对某类凭证借贷科目的限制。例如，设置"收款凭证"应选择限制类型"借方必有",限制科目 1001、1002（即库存现金及银行存款科目）。在填制凭证时,如果输入的收款凭证中,其借方科目不是上述设置的科目,系统就会提示用户更正。

2.3.4 录入期初余额

录入期初数据有两种情况:一是若用户年初启用会计核算软件,则只需录入各科目的年初余额;二是若用户年中启用会计核算软件,则除了要录入各科目的年初余额,还要录入启用前的借、贷方累计发生额,这样才能保证全年累计发生额计算正确。例如,用户在 2019 年 1 月 1 日启用,则只需录入各科目的年初余额;若用户在 2019 年 7 月 1 日启用,则除了要录入各科目的年初余额,还要录入 1～6 月的借、贷方累计发生额。

1. 总账初始余额录入

操作过程如下:

1)执行菜单栏"总账"→"设置"命令,打开"期初余额录入"对话框,如图 2-38 所示。

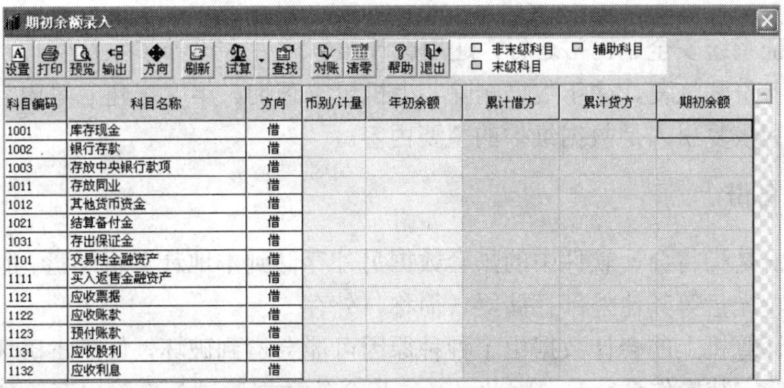

图 2-38 "期初余额录入"对话框

2)录入完毕后,单击"试算"按钮,软件将自动对科目初始数据是否平衡进行检查,目的是防止建账错误。

如果数据录入有错误(如试算不平衡时),系统将提示修改,直到正确。

2. 辅助核算初始余额录入

在录入期初余额时,若某一会计科目涉及辅助核算,则系统自动为该科目开设辅助账页。因此,在录入期初余额时,不能直接录入总账期初余额,而应首先调出辅助核算账,录入辅助账期初余额,录入完毕,系统自动将辅助账的期初余额之和作为该科目的总账期初余额，如图 2-39 所示。

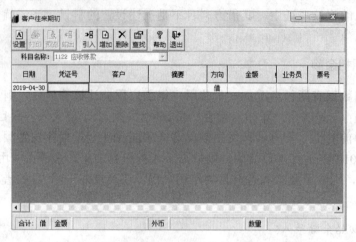

图 2-39　客户往来辅助账户"应收账款"的期初余额录入

2.4　系统管理

为了保证系统安全、正常运行，通用会计核算软件中设计了系统管理功能。该功能包括数据的备份和恢复、往年数据删除、上机日志查询、年度账建立等内容。其中数据的备份输出和恢复引入是数据维护的主要内容。

2.4.1　数据备份

数据备份是指将会计软件中的账套数据另外存储到本地计算机硬盘、服务器的其他位置或软盘、光盘等其他外部存储器（简称，外存）上。

保存在计算机上的会计数据由于种种原因可能会遭到破坏，如病毒破坏、其他人员误操作、重新安装操作系统等。因此，必须将会计数据通过备份输出存储到其他介质或存放到其他地点，以保证原有数据的安全完整。

操作过程如下：

1）打开"系统管理"模块，以"系统管理员"的身份注册进入系统，无初始密码。

2）执行菜单栏"账套"→"备份"命令，系统自动打开"账套输出"对话框，如图 2-40 所示。如果勾选"删除当前输出账套"复选框，则源账套被删除。

3）在"账套输出"对话框中单击"确认"按钮，系统将账套资料压缩后显示"选择备份目标"对话框，如图 2-41 所示。用户根据实际需要选择账套备份文件的存放位置，单击"确认"按钮，完成数据的备份输出。

图 2-40　"账套输出"对话框

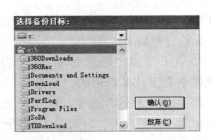

图 2-41　"选择备份目标"对话框

2.4.2　数据恢复

数据恢复是指将光盘及其他外存上的备份文件或存放在计算机硬盘、服务器上的备份文件恢复成正式账套文件。

通常情况下，只有在计算机硬盘数据被破坏或查询已经删除的往年数据时，才需要进行恢复操作。执行恢复操作必须谨慎，一旦操作不当就会把软件中当前的最新数据变成原来备份的旧数据。

操作过程如下：

1）用户需用"系统管理员"的身份打开"系统管理"窗口，与数据备份操作的第一步相同。

2）执行菜单栏"账套"→"引入"命令，在打开的文件对话框中选择相应路径，选定要引入的文件，如图 2-42 所示，单击"打开"按钮即可完成数据的恢复。

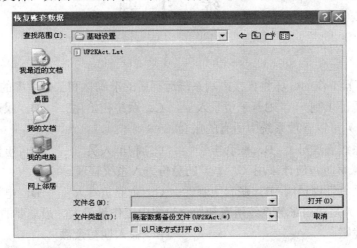

图 2-42　"恢复账套数据"对话框

2.4.3　账套修改

用户可以对已经创建的账套进行修改，以完善初始化设置的基础信息或根据实际情况的变化更改企业的基本资料，如果用户在建账过程中存在一些错误，也可以通过该操作修正。

操作过程如下：

1）用户要以"账套主管"的身份注册，并且选定账套，进入系统管理界面。此时"账套"下拉菜单中的"修改"与"启用"选项为可选状态，如图 2-43 所示。

2）执行"修改"命令，打开"修改账套"对话框，与新建账套类似，其中灰色文本框中为不可更改内容，如图 2-44 所示。

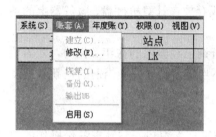

图 2-43 "账套"下拉菜单选项

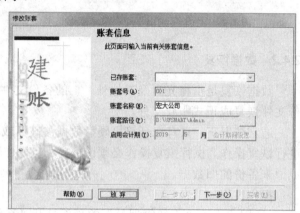

图 2-44 "修改账套"对话框

练习题答案 2

练 习 题

一、单选题

1.（ ）工作的好坏将直接影响系统运行后的准确性和工作效率的高低。

　　A．凭证填制　　　B．工资录入　　　C．系统初始化　　　D．报表编制

2.（ ）可以管理系统中所有的账套。

　　A．系统管理员　　B．账套主管　　C．制单人员　　　D．审核人员

3．修改账套时，应该采用（ ）的身份进入系统管理。

　　A．系统管理员　　B．账套主管　　C．企业负责人　　D．电算维护人员

4.（ ）是通用账务系统所有初始化设置中工作量最大、最重要的设置。

　　A．建账　　　　　　　　　　B．输入期初余额

　　C．设置会计科目　　　　　　D．填制记账凭证

5.（ ）是指将会计软件中的账套数据存储到计算机其他位置或外存上。

　　A．数据恢复　　　B．数据删除　　C．往年账套管理　　D．数据备份

二、多选题

1. 在"系统管理"模块，允许以（　　）身份注册进入系统。
   A. 账套主管　　　B. 电算审查　　　C. 制单人员　　　D. 系统管理员
2. 账套管理工作包括账套的（　　）。
   A. 建立　　　　　B. 修改　　　　　C. 引入　　　　　D. 输出
3. 凭证类别设置方式有（　　）。
   A. 记账凭证　　　　　　　　　　　B. 收款、付款、转账凭证
   C. 现金凭证、银行凭证、转账凭证　D. 自定义凭证
4. 期初余额录入包括（　　）的录入。
   A. 报表余额　　　　　　　　　　　B. 总账初始余额
   C. 辅助核算初始余额　　　　　　　D. 凭证余额
5. 基础档案设置包括（　　）的设置。
   A. 部门档案　　　B. 职员档案　　　C. 客户档案　　　D. 供应商档案

三、判断题

1. 凭证填制是整个会计电算化工作的前提和基础。　　　　　　　　（　　）
2. 核算单位的一套独立的、完整的账簿体系称为账套。　　　　　　（　　）
3. 建账时，如果单击选定"按行业性质预置科目"左边的选项，则系统将按行业自动建立一级科目和明细科目。　　　　　　　　　　　　　　　　（　　）
4. 增加会计科目必须由上级至下级逐级增加，删除科目与增加科目程序相同。
   　　　　　　　　　　　　　　　　　　　　　　　　　　　　　（　　）
5. 在录入期初余额时，若某一会计科目涉及辅助核算，则系统自动为该科目开设辅助账页。　　　　　　　　　　　　　　　　　　　　　　　　（　　）

实训 1　新建账套与人员设置

实训要求

1）设置操作员。
2）建立账套。
3）账套修改与备份。

实训准备

以"系统管理员"的身份登录"系统管理"，无初始密码。

实训资料

1. 增加操作员信息

增加的操作员信息如表 2-1 所示。

表 2-1 增加的操作员信息

编号	姓名	口令	所属部门
301	宁静	1	财会科
302	孙晓华	2	财会科
303	赵勇真	3	财会科
304	王一丹	4	财会科
305	李小露	5	财会科

2. 新建账套信息

（1）账套信息

账套号：030；账套名称：宏大公司；启用会计期：2020 年 1 月。

（2）单位信息

单位名称：辽宁省千山市宏大技术有限公司；单位简称：宏大公司；单位地址：辽宁省天山区五一路 207 号；法人代表：肖克；税号：20181009。

（3）核算类型

记账本位币：人民币（RMB）；企业类型：工业；行业性质：2019 年新会计准则；账套主管：宁静；勾选"按行业性质预置科目"复选框。

（4）基础信息

存货进行分类；客户、供应商进行分类；有外币核算。

（5）业务流程

默认。

（6）分类编码方案

科目编码级次修改为 4-2-2-2。

（7）立即启用账套

启用总账系统；启用时间为 2020 年 1 月 1 日。

3. 操作员的修改与删除

将编号 304 的姓名改为"万玉丹"；删除编号为 305 的操作员。

4. 操作员授权

授予的操作员权限如表 2-2 所示。

表 2-2　授予的操作员权限

编号	姓名	权限
301	宁静	账套主管
302	孙晓华	财务分析、总账
303	赵勇真	公用目录设置、总账
304	万玉丹	出纳签字、查询凭证（总账系统）

5. 账套备份

在 D 盘新建一个文件夹，以自己的班级学号姓名命名，并将账套备份到 D 盘自己的文件夹下。

6. 账套恢复

通常情况下，只有在计算机硬盘数据被破坏或查询已经删除的往年数据时，才需要进行恢复操作。

7. 修改账套信息

将税号改为 20180223。

实训 2　基础档案设置

实训要求

1）设置部门档案。

2）设置职员档案。

3）设置客户、供应商、地区分类。

4）设置客户、供应商档案。

实训准备

以"301 宁静"的身份登录用友畅捷通 T3 系统，密码为 1，操作日期为 2020 年 1 月 1 日。

实训资料

1. 部门档案信息

部门档案信息如表 2-3 所示。

表 2-3　部门档案信息

部门编码	部门名称	部门编码	部门名称
1	厂部	104	人事科
101	办公室	2	销售部
102	财会科	3	生产车间
103	采购部	4	仓库

2. 职员档案信息

职员档案信息，如表 2-4 所示。

表 2-4　职员档案信息

职员编号	职员名称	所属部门	属性
101	肖克	办公室	总经理
201	孙晓华	财会科	审核
202	宁静	财会科	主管
203	赵勇真	财会科	制单
301	刘浩	采购部	经理
302	王权	采购部	职员
401	张天赐	销售部	经理
402	李明	销售部	职员
501	李军	生产车间	职员
601	邹芳芳	仓库	管理员

3. 客户分类信息

客户分类信息如表 2-5 所示。

表 2-5　客户分类信息

分类编码	分类名称
01	事业单位
02	企业单位

4. 供应商分类信息

供应商分类信息如表 2-6 所示。

表 2-6　供应商分类信息

分类编码	分类名称
01	工业企业
02	商业企业
03	其他

5. 地区分类信息

地区分类信息如表2-7所示。

表2-7 地区分类信息的设置

分类编码	分类名称
01	本地
02	外地

6. 客户档案信息

客户档案信息如表2-8所示。

表2-8 客户档案信息

客户编号	001	002
客户名称	北京东方公司	千山飞燕超市
简称	东方	飞燕
所属分类码	02	02
所属地区	02	01
税号	324604855	369742232
开户银行	中国工商银行	中国建设银行
法人	王立本	张邵东
银行账号	123318522	125285311
地址	北京市海淀区	千山市东风区
邮编	100021	422210
发展日期	2019-6-30	2019-10-15

7. 供应商档案信息

供应商档案信息如表2-9所示。

表2-9 供应商档案信息

供应商编号	001	002
供应商名称	千山市钢铁集团公司	陕西工贸公司
简称	千钢	陕工
所属分类码	01	02
所属地区	01	02
税号	684504154	845969112
开户银行	商业银行	中国银行
银行账号	458465974	364487558
地址	千山市托福区	西安市东城区
邮编	410005	655520
信用等级	AA	A
发展日期	2019-11-14	2019-4-19

实训 3　会计科目设置

实训要求

1）设置系统参数。
2）设置结算方式。
3）设置外币汇率。
4）设置会计科目。

实训准备

以"301 宁静"的身份登录用友畅捷通 T3 系统，密码为 1，操作日期为 2020 年 1 月 1 日。

实训资料

1. 设置总账系统参数

1）不允许修改、作废他人填制的凭证。
2）出纳凭证必须经由出纳签字。
3）数量小数位、单价小数位均改为 2。
4）部门、个人、项目排序方式均改为按编码排序。

2. 设置结算方式

结算方式如表 2-10 所示。

表 2-10　结算方式

结算方式编码	结算方式名称	票据管理标志
1	银行本票	否
2	支票	否
201	现金支票	是
202	转账支票	是
3	商业汇票	否
4	银行汇票	否
5	托收承付	否
6	其他	否

3. 设置外币及汇率

币符：USD；币名：美元；汇率小数位改为 4；固定汇率；1 月记账汇率 6.332 9。

4. 会计科目修改

会计科目的修改如表 2-11 所示。

表 2-11　会计科目的修改

科目编码	科目名称	辅助账类型
1001	库存现金	日记账
1002	银行存款	日记账、银行账
1122	应收账款	客户往来
1221	其他应收款	个人往来
2202	应付账款	供应商往来
6602	管理费用	部门核算

5. 会计科目增加

会计科目的增加如表 2-12 所示。

表 2-12　会计科目的增加

总账科目	明细科目代码	明细科目名称	辅助核算	其他
银行存款	100201	中国工商银行存款	日记账、银行账	
	100202	中国银行存款	日记账、银行账	美元
原材料	140301	铝合金	数量核算	千克
	140302	木板	数量核算	米
	140303	油漆	数量核算	桶
库存商品	140501	餐桌	数量核算	张
	140502	沙发	数量核算	套
在建工程	160401	材料	项目核算	
	160402	人工	项目核算	
	160403	其他	项目核算	
应交税费	222101	应交增值税		
	22210101	进项税额		
	22210102	销项税额		
	22210103	已交税金		
	222102	应交所得税		
	222103	应交城建税		
利润分配	410401	未分配利润		
生产成本	500101	直接材料		
	500102	直接人工		
	500103	转入制造费用		

总账科目	明细科目代码	明细科目名称	辅助核算	其他
管理费用	660201	工资及福利费	部门核算	
	660202	差旅费	部门核算	
	660203	办公费	部门核算	
	660204	折旧费	部门核算	
	660205	物料消耗	部门核算	
	660206	其他	部门核算	

6. 指定会计科目

"库存现金"设置为现金总账科目，"银行存款"设置为银行存款总账科目。

实训 4 期初余额与其他设置

实训要求

1）设置项目结构。
2）设置凭证类别。
3）设置开户银行。
4）设置付款条件。
5）录入总账期初余额。

实训准备

以"301 宁静"的身份登录用友畅捷通 T3 系统，密码为 1，操作日期为 2020 年 1 月 1 日。

实训资料

1. 设置项目大类

项目大类的设置步骤如表 2-13 所示。

表 2-13 项目大类的设置步骤

项目设置步骤	设置内容
项目大类	在建工程
核算科目	材料
	人工
	其他

续表

项目设置步骤	设置内容
项目分类定义	编码：1　名称：安装工程
	编码：2　名称：建设工程
项目目录	编号：101 名称：机床安装（所属分类码：1）
	编号：201 名称：办公楼维修（所属分类码：2）

2. 设置凭证类别

凭证设置为"收款凭证、付款凭证、转账凭证"类型。

凭证类别的设置如表 2-14 所示。

表 2-14　凭证类别的设置

凭证类别	限制类型	限制科目
收款凭证	借方必有	1001,1002
付款凭证	贷方必有	1001,1002
转账凭证	凭证必无	1001,1002

3. 设置开户银行信息

开户银行信息的设置如表 2-15 所示。

表 2-15　开户银行信息的设置

编号	名称	账号	暂封标志
1	中国工商银行	201800759	否
2	中国银行	306900548	否

4. 设置付款条件

编号：1；付款条件：2/10、1/20、n/30。

5. 录入总账期初余额

总账期初余额的设置如表 2-16 所示。

表 2-16　总账期初余额的设置

科目名称	方向	辅助核算	币别、计量	期初余额/元
库存现金	借	日记账		2 000
银行存款	借	日记账、银行账		

科目名称	方向	辅助核算	币别、计量	期初余额/元
中国工商银行存款	借	日记账、银行账		520 000
中国银行存款	借	日记账、银行账	美元	121 000
应收账款	借	客户往来		192 000
其他应收款	借	个人往来		7 600
原材料	借			
铝合金	借	数量核算	1 000 千克	21 000
木板	借	数量核算	110 米	11 000
油漆	借	数量核算	100 桶	7 000
库存商品	借			
餐桌	借	数量核算	500 张	85 000
沙发	借	数量核算	200 套	84 000
固定资产	借			147 600
累计折旧	贷			28 362.8
应付账款	贷	供应商往来		69 000
应付职工薪酬	贷			6 200
应交税费	贷			
应交增值税	贷			
销项税额	贷			2 400
应交所得税				4 000
实收资本	贷			1 000 000
利润分配	贷			
未分配利润	贷			128 237.2
生产成本	借			
直接材料	借			14 000
直接人工	借			16 000
转入制造费用	借			10 000

第3章 账务处理系统

学习目标

1. 理解账务处理系统的概念，了解账务处理系统流程与主要功能。
2. 明确凭证处理过程，熟练掌握记账凭证的填制、审核与记账操作。
3. 掌握凭证的查询、修改与删除方法。
4. 掌握各种账簿的查询方法。
5. 掌握自动转账凭证的设置与生成。
6. 掌握出纳的基本业务，了解部门往来辅助核算的查询。
7. 了解对账与结账的方法。

案例导入

宁静在业务部孙经理和同事们的帮助下，顺利地完成了宏大公司的新建账套和系统初始化工作。完整的系统账套资料及正确无误的数据证明了宁静已经能胜任会计电算化的基础工作了。接下来，孙经理将宏大公司某月份的凭证资料交给宁静，要求她将该公司的记账凭证做出来，并且审核、记账，同时还要提供几个重要账户的账簿资料。

宁静一边整理宏大公司的凭证资料，一边思考着这几个问题：记账凭证怎么在计算机上输入？凭证的审核签字是如何进行的？记账的过程是怎样的？如何才能查到自己想要的凭证和账簿？能不能让计算机自动做记账凭证？带着这些问题，她开始了一天的紧张工作。

会计的日常核算工作包括填制审核会计凭证、登记账簿、编制财务报告等。这些内容构成一个完整的会计工作循环，成为会计核算工作的重心。在会计电算化系统中，将会计科目设置、填制审核会计凭证、登记账簿等统称为账务处理，完成账务处理工作的子系统称为账务处理系统。另将编制财务报告作为报表子系统来处理。

在不同的会计软件中，对账务处理系统的表述和内容设计有所区别，如用友畅捷通T3软件将账务处理系统表述为总账系统。

在电算化工作方式下，账务处理系统是从会计凭证输入开始的，经过计算机对会计数据进行处理，生成各类凭证、账簿文件。最后产生科目余额文件。其具体操作步骤如下：

1. 输入记账凭证或生成机制凭证

通过会计人员手工输入记账凭证或计算机自动生成的记账凭证，完成凭证填制的会计处理工作。

2. 对输入的凭证进行审核

无论是手工输入的凭证还是机制凭证，都需要进行再次审核，以确保其正确性。

3. 人工控制下的计算机自动记账

记账过程是指由会计人员选择会计软件中的记账功能，由计算机自动完成各类账簿的登记，并生成相应的科目汇总文件和对账文件。

4. 账簿输出

按照会计人员设置的输出条件，生成并输出总分类账、日记账、明细分类账、记账凭证和科目汇总表。

5. 银行对账

会计人员将银行对账单输入计算机中，形成会计软件中的对账单文件，经过与凭证处理生成的对账文件核对，自动产生银行存款余额调节表。

3.1 凭 证 处 理

会计凭证是记录经济业务、明确经济责任并据此登记账簿的重要文件，是登记账簿的依据。对会计凭证进行处理是会计日常账务处理中较频繁的工作，也是电算化账务处理系统中基本的工作。目前的会计电算化系统以记账凭证数据作为系统的基础数据，记账凭证数据的正确性是决定系统输出正确与否的关键，凭证处理是整个系统数据的入口。

一般账务处理系统的凭证处理功能主要包括凭证输入，凭证查询、修改与删除，凭证审核、出纳签字和凭证记账等。其操作流程如图 3-1 所示。

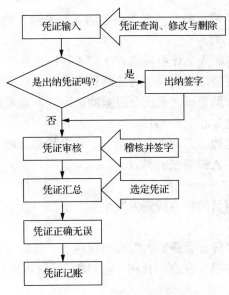

图 3-1　凭证处理流程

3.1.1　凭证输入

凭证输入就是将若干张经济业务相同的原始单据集中编制成一条条记录，形成一张完整的记账凭证，输入计算机。凭证输入是会计电算化系统主要数据的录入口，包括凭证头和正文两大部分。凭证头包括凭证类别与编号、制单日期和附单据数等；凭证正文包括摘要、科目名称和金额等。

1. 凭证头的输入

（1）凭证类别与编号

输入凭证类别，可以利用参照功能，参照选择一个凭证类别，系统将自动生成凭证编号。

（2）制单日期

用户可以根据经济业务的实际情况输入日期。凭证输入的日期若在当前的会计期间之前，则系统不允许输入。

（3）附单据数

在"附单据数"处输入当前记账凭证所依据的原始单据张数。

2. 凭证正文的输入

（1）摘要

摘要是对记账凭证输入本笔分录的业务说明。用户可以直接录入摘要，也可单击"参照"按钮选入常用摘要，常用摘要的选入不会清除原来输入的内容。

（2）科目名称

在"科目名称"栏中输入会计科目的方法有3种：一是可以根据会计科目代码直接输入，在输入过程中系统会提示代码所对应的科目名称；二是如果在科目设置中定义了助记码，则可以直接输入助记码，系统会根据助记码查询到所需要的科目；三是用系统提供的参照功能，直接选定相应的科目。

在会计科目的输入过程中，软件可提供一些自动检测功能。例如，不是末级科目，则给出提示，要求用户输入最明细的科目。

（3）金额

金额是指相应会计科目的借方或贷方发生额。金额可以手工输入，也可以通过计算得出。

各种会计软件都在"凭证金额输入"环节提供了一些快捷方式。例如，按空格键，可在借方和贷方金额栏切换；在金额处按"＝"键，系统将根据借贷方差额自动计算此笔分录的金额。

（4）合计

合计是指一张凭证上的借方金额合计与贷方金额合计。在会计电算化系统中，凭证合计数是由计算机根据借方和贷方的发生额自动计算得出的。在"合计"栏里可以看出借贷是否平衡，若不平衡，系统会拒绝接受并提示用户修改，直到修改平衡后才准予保存凭证。

（5）签字

签字是指填制记账凭证、审核记账凭证、记账及出纳等人员的签字。会计软件中，系统按照当前操作人员的用户名，自动在凭证中执行签字。

（6）辅助核算

通过科目设置可知，许多会计科目在完成一般会计核算的基础上，还有进行辅助核算的要求。为实现这些辅助核算，在凭证输入过程中，凡是涉及这些科目的分录，在输入完会计科目后，系统会根据该科目的辅助核算要求自动提示用户输入不同的辅助核算数据。

1）若输入的科目是银行存款，且在初始化设置中定义了结算类型，系统会提示用户输入结算方式、结算号和票据日期。也就是说，采用何种银行转账结算方式，银行结算凭证的号码和票据填制的日期。该信息的输入主要是为以后银行对账提供原始依据。

2）若输入的科目有数量核算要求，系统就会要求用户输入数量和单价，用户根据相应原始凭证输入数量和单价并选择金额方向后，系统自动按数量乘以单价的方式计算出金额。数量和单价信息的输入为以后数量金额账的输出提供依据。

3）若输入的科目设置了往来核算属性，则系统会提示用户输入"往来单位"（客户、供应商）、"经手人"、"票号"等信息。"往来单位"可输入代码或客户、供应商简称；"经手人"可输入该笔业务经手人员代码或简称；而"票号"则根据原始凭证数据输入。

4）若输入的科目设置了部门或个人属性，则用户要根据提示输入部门、个人的代码或名称，也可以按参照功能输入。

辅助核算信息并不是每张凭证必有的内容，只有设置了辅助核算的科目出现在记账凭证中，才需要输入相应的辅助核算信息。各单位可根据本单位的实际情况设置一种或数种辅助核算，以满足经营管理的需要。

收款凭证的格式如图 3-2 所示。

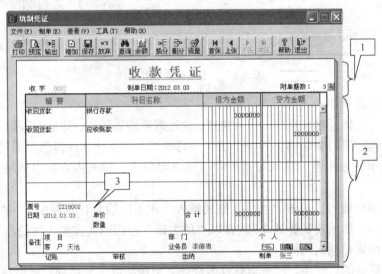

1. 凭证头；2. 凭证正文；3. 辅助核算信息。

图 3-2　收款凭证的格式（用友畅捷通 T3 软件）

3. 辅助性凭证输入功能

为了方便凭证输入，提高输入速度，会计软件为用户提供了多种辅助性凭证输入功能。

（1）常用摘要输入功能

在填制凭证的过程中，因为业务的重复性，经常会有许多摘要完全相同或大部分相同，如果将这些常用摘要存储起来，在填制会计凭证时随时调用，必将大大提高业务处理效率。调用常用摘要可以在输入摘要时直接输入摘要代码或单击"参照"按钮输入。

用友畅捷通 T3 软件的"常用摘要"功能可以输入摘要编码、摘要内容、相关科目，这些信息（数据）可任意设定并在调用后进行修改补充。常用摘要的编码是调用常用摘要的依据，因此，不能重复输入，也不能为空。如果某条常用摘要对应某科目，则可在"相关科目"栏输入，这样在调用常用摘要的同时，相关科目也被调入，从而提高凭证输入效率。"常用摘要"对话框如图 3-3 所示。

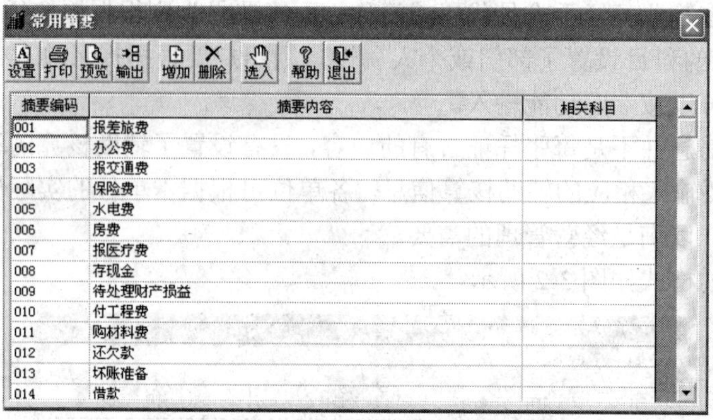

图 3-3 "常用摘要"对话框

（2）编码提示功能

在输入记账凭证时，为提高输入速度，往往需要输入编码，如摘要编码、科目编码、往来单位编码、部门编码等。为便于这些编码的输入，会计软件提供了编码提示功能，即当光标位于特定内容的输入对话框时，就出现与这一输入内容相对应项目的编码对照表。

编码提示功能通过单击"参照"按钮输入。在不同的会计软件中，"参照"按钮的表现形式不同，如用友畅捷通 T3 软件以"放大镜"按钮形式在输入框的右下角显示。

（3）常用凭证输入功能

在填制凭证的过程中，经常会有许多凭证完全相同或部分相同，如果将这些常用的凭证存储起来，在填制会计凭证时随时调用，必将大大提高业务处理效率。确切地说，"常用凭证"提供的是常用会计凭证的模板，用户在调用常用凭证后，可对其进行相应的修改，使其符合当前会计业务的需要。

4. 凭证输入的操作实例

操作过程如下：

1）以制单人的编号登录账务处理系统。登录后，选择左侧导航条"总账系统"，单击"填制凭证"按钮，或者执行菜单栏"总账"→"凭证"→"填制凭证"命令，如图 3-4 所示。

2）单击"增加"按钮，增加一张新凭证。页面上显示一张空白凭证，如图 3-5 所示。

3）输入凭证类别、编号：输入凭证类别，单击"放大镜"按钮，参照选择一个凭证类别，此处应双击"付款凭证"，如图 3-6 所示。系统自动生成凭证编号，并将光标定位于制单日期上。

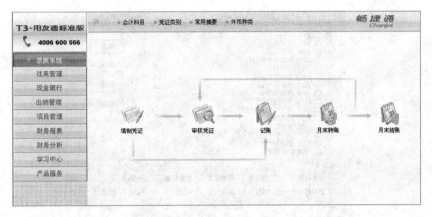

图 3-4 "总账系统"窗口

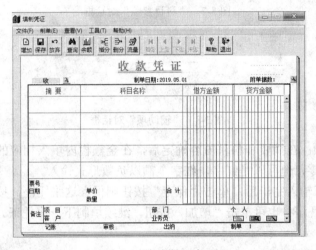

图 3-5 空白凭证窗口

4）输入制单日期与附单据数：根据经济业务的具体情况输入制单日期；根据该业务涉及的原始凭证数量输入附件张数。

5）输入摘要：输入本笔分录的业务说明，或单击"参照"按钮选入常用摘要。

图 3-6 凭证类别的选择

6）输入科目：科目必须输入末级科目。可在"科目"栏输入科目编码、中文科目名称、英文科目名称或助记码。如果输入的科目有重名现象，系统会自动提示重名科目。输入科目时可在科目区中单击"放大镜"按钮或按 F2 键参照输入。"科目参照"对话框如图 3-7 所示。

7）输入辅助核算信息：根据科目属性输入相应的辅助信息，如部门、个人、项目、客户、供应商、数量、自定义项等。在这里输入的辅助信息将在凭证下方的备注中显示。"辅助项"对话框如图 3-8 所示。

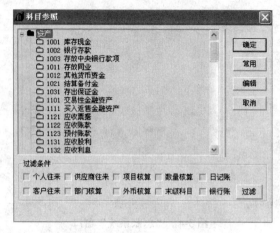

图 3-7　"科目参照"对话框

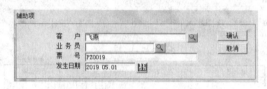

图 3-8　"辅助项"对话框

8）输入金额：在摘要和科目内容确定后，在金额栏内填入相应的金额。填制凭证时，金额不能为零，但可以是红字，红字金额以负数形式输入。

9）凭证全部输入完毕后，单击"保存"按钮则保存这张凭证；按"放弃"按钮则放弃当前增加的凭证；也可单击"增加"按钮，继续填制下一张凭证。凭证填制结果如图 3-9 所示。

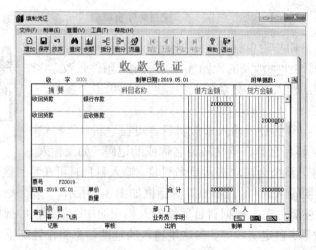

图 3-9　凭证填制结果

3.1.2　凭证查询、修改与删除

1. 凭证查询

凭证查询是指按照给定的条件查找满足条件的凭证，并显示出来。该查询包括对未记账凭证的查询和已记账凭证的查询。

操作流程如下：

1）执行菜单栏"总账"→"凭证"→"查询凭证"命令，如图 3-10 所示。

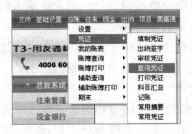

图 3-10　"查询凭证"选项

2）打开"凭证查询"对话框，显示查询条件，如图 3-11 所示。若要按科目、摘要、金额等条件进行查询，可单击"辅助条件"按钮输入辅助查询条件。

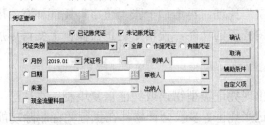

图 3-11　"凭证查询"对话框

3）输入查询凭证的条件后，系统会自动显示凭证一览表，如图 3-12 所示。

图 3-12　凭证一览表

4）在凭证一览表中双击某张凭证，就会显示此张凭证。

2. 凭证修改

会计电算化系统中，记账凭证是按数据组织流程以不同数据库的方式存放在计算机中的，所以其修改方式与手工方式下记账凭证的修改方式不同。

（1）错误凭证的"无痕迹"修改

所谓无痕迹，是指不留下任何修改过的线索和痕迹。在电算化账务处理系统中，有两种状态下的错误凭证可实现无痕迹修改：一是凭证输入后，还未审核或审核未通过的凭证；二是已通过审核但还未记账的凭证。

未通过审核的错误凭证可在"填制凭证"功能中直接进行修改；已通过审核的凭证应首先通过凭证审核功能取消审核后，再进行修改。

（2）错误凭证的"有痕迹"修改

所谓有痕迹，是指留下修改过的线索和痕迹。会计电算化系统是通过保留错误凭证和更正凭证的方式留下修改痕迹的。在账务处理过程中，若发现已记账的凭证有错误，则要求对此类凭证的修改留下审计线索。

在会计电算化系统中，对已记账的错误凭证可根据实际情况采用红字冲销法或补充登记法进行更正。在应用红字冲销法更正错误凭证时，需要编制一张与原凭证内容相同但金额为负数的"红字"凭证，再增加一张"蓝字"凭证补充。用友畅捷通 T3 软件提供了自动生成红字冲销凭证的功能，使错账更正在操作上变得更加便捷。

3. 凭证删除

如果填制的凭证出现凭证类型错误或凭证重复填制，并且已经保存，在审核和记账之前可以作废并删除记账凭证。多数会计软件在执行凭证删除功能时，往往分为两步进行：第一步在凭证打上"作废"标志，已作废的记账凭证在凭证查询中还可以查看得到，仍保留原有凭证内容和凭证编号，作废凭证不能修改，不能审核。通过"凭证恢复"功能可以取消凭证作废状态。第二步通过运行"整理凭证"功能，真正删除相关凭证。

操作过程如下：

1）进入填制凭证后，可通过单击"首张""上张""下张""末张"按钮翻页查找要作废的凭证。

2）执行菜单栏"制单"→"作废/恢复"命令，如图 3-13 所示，若凭证左上角显示"作废"字样，表示已将该凭证作废。

3）执行菜单栏"制单"→"整理凭证"命令，选择要整理的月份，单击"确定"按钮。

4）打开"作废凭证表"对话框，如图 3-14 所示。

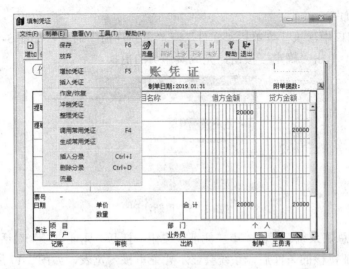

图 3-13 凭证作废

图 3-14 "作废凭证表"对话框

5）选择真正要删除的作废凭证，单击"确定"按钮，系统将这些凭证从数据库中删除，并提示用户是否整理断号凭证，单击"是"按钮则对剩下的凭证重新排号。

3.1.3 凭证审核、出纳签字与凭证记账

1. 凭证审核

凭证审核是指审核人员按照会计制度和会计软件的要求，对记账凭证所进行的检查和核对。审核的主要内容包括记账凭证是否与原始凭证相符、经济业务是否正确、记账凭证相关项目是否填写齐全、会计分录是否正确等。审核中如发现错误或有异议，应由凭证填制人员进行修改。

根据会计内部控制的要求，凭证制单人和审核人不能为同一人，即任何操作员都不能审核自己编制的凭证。审核人发现凭证有错误时，只能将其交与制单人处理，而不能（或没有权限）直接修改。

操作过程如下：

1）在主窗口中，执行菜单栏"文件"→"重新注册"命令，如图3-15所示，输入审核人及密码，单击"确定"按钮，完成操作员的更换。

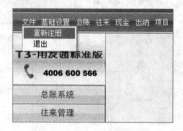

图3-15　重新注册

2）单击"总账系统"下的"审核凭证"按钮，打开"凭证审核"对话框，如图3-16所示。输入凭证审核的条件后，系统会显示凭证审核一览表，如图3-17所示。

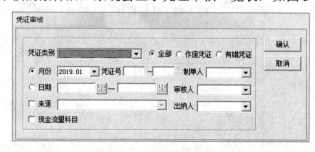

图3-16　"凭证审核"对话框

图3-17　凭证审核一览表

3）在凭证审核一览表中双击某张凭证，就会显示此张凭证，如图3-18所示，用户可对其进行审核。

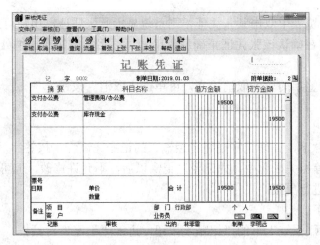

图 3-18　"审核凭证"窗口

4）审核人员在确认该张凭证正确后，单击"审核"按钮在审核处自动签上审核人姓名，即表明该张凭证审核完毕，系统自动显示下一张待审核凭证。若想对已审核的凭证取消审核，可单击"取消"按钮。

5）在"审核凭证"窗口中执行菜单栏"审核"→"成批审核凭证"命令或"成批取消审核"命令，可对凭证进行批量审核或批量取消审核。

2. 出纳签字

由于出纳凭证涉及企业现金的收入与支出，应加强对出纳凭证的管理。在用友畅捷通 T3 软件中，出纳人员可通过出纳签字功能对制单员填制的带有现金银行科目的凭证进行核对，主要核对出纳凭证的出纳科目的金额是否正确，审查认为错误或有异议的凭证。如有错误，应交与填制人员修改后再核对。

操作过程如下：

1）执行菜单栏"总账"→"凭证"→"出纳签字"命令，如图 3-19 所示。打开出纳凭证选择"凭证条件"窗口，与图 3-16 类似。

图 3-19　"出纳签字"选项

2）输入出纳凭证的条件后，显示凭证一览表，与图 3-17 类似。

3）在凭证一览表中双击某张凭证，则系统显示此张凭证，用户可进行签字。

4）出纳人员在确认该张凭证正确后，单击"签字"按钮在出纳处自动签上出纳人姓名。

5）若想对已签字的凭证取消签字，可单击"取消"按钮。

3. 凭证记账

在电算化条件下，凭证记账是将已经输入的记账凭证经审核签字后，登记到总账、明细账、辅助账等相关账簿中。凭证经过记账以后，不允许修改，但可以运用红字冲销法或补充登记法进行更正。

操作过程如下：

1）单击"总账系统"下的"记账"按钮，进入"记账"对话框。

2）系统列出各期间的未记账凭证范围清单，并同时列出其中的空号与已审核凭证范围，如图3-20所示。若编号不连续，则用逗号分隔。

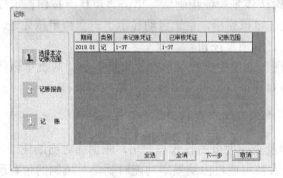

图3-20　选择记账范围

3）选择完成后，单击"下一步"按钮，系统会先对凭证进行合法性检查。如果发现不合法凭证，系统将提示错误；如果未发现不合法凭证，则显示所选凭证的汇总表及凭证的总数，供用户进行核对，如图3-21所示。

图3-21　"记账"对话框（1）

4）核对无误后，单击"下一步"按钮，打开"记账"对话框，如图 3-22 所示。

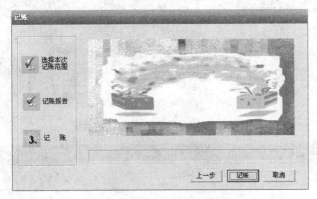

图 3-22　"记账"对话框（2）

5）以上工作都确认无误后，单击"记账"按钮，系统开始登记有关账簿，包括总账、余额表、明细账和各类辅助账簿。

3.2　账簿管理

企业发生的经济业务，经过制单、审核、记账等一系列程序之后，就形成了正式的会计账簿。用户对企业发生的经济业务进行查询、统计分析等操作时，都可以通过账簿管理来完成。查询账簿是会计工作的另一项重要内容，除了现金、银行存款查询输出，账簿管理还包括基本会计核算账簿的查询输出及各种辅助账簿的查询输出。

3.2.1　账簿查询

1. 总分类账簿查询

总账是指按照总分类账户登记全部经济业务的账簿。总账要能够全面、总括地反映经济活动，并为编制会计报表提供资料。总账格式主要为借贷余三栏式。用户要了解各账户的总括情况可通过总账查询功能实现。

操作过程如下：

1）执行菜单栏"总账"→"账簿查询"→"总账"命令，打开"总账查询条件"对话框，如图 3-23 所示。

2）输入查询条件后，即在科目范围选择对应科目，单击"确认"按钮，打开"银行存款总账"窗口，如图 3-24 所示。

3）在查询过程中，可单击"科目"右侧的下拉按钮，选择需要查看的其他科目。

4）在查询窗口可以直接单击"打印"按钮，打印当前账页。

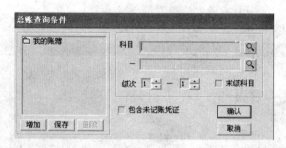

图 3-23　"总账查询条件"对话框

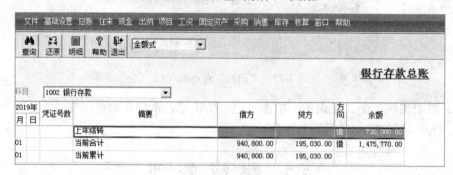

图 3-24　"银行存款总账"窗口

2. 明细分类账簿查询

明细账是根据总账科目设置，按所属明细项目开设的账户，用来分类登记某一类经济业务，并为其提供明细核算资料的分类账簿。明细账是会计的主要账簿，它以输入系统中的会计凭证为依据，全面地、连续地记录和反映每项经济业务发生的情况。

操作过程如下：

1）执行菜单栏"总账"→"账簿查询"→"明细账"命令，打开"明细账查询条件"对话框，如图 3-25 所示。

图 3-25　"明细账查询条件"对话框

若希望在查询非末级科目明细账时能看到该科目的明细账分别按其下末级科目列示，则勾选“按科目排序”复选框。

若希望同时查看某月份末级科目的明细账及其上级科目的总账数据，则可点选“月份综合明细账”按钮。

2）在“科目”范围中选择对应科目，确定查询时间。查询条件输入完毕后，单击“确认”按钮，打开“原材料明细账”窗口，如图 3-26 所示。

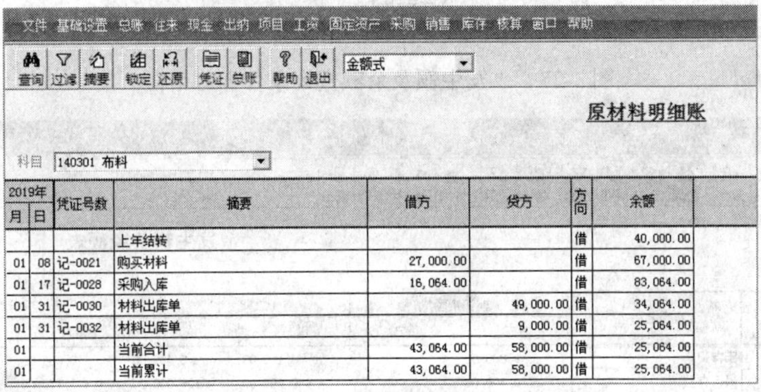

2019年 月	日	凭证号数	摘要	借方	贷方	方向	余额
			上年结转			借	40,000.00
01	08	记-0021	购买材料	27,000.00		借	67,000.00
01	17	记-0028	采购入库	16,064.00		借	83,064.00
01	31	记-0030	材料出库单		49,000.00	借	34,064.00
01	31	记-0032	材料出库单		9,000.00	借	25,064.00
01			当前合计	43,064.00	58,000.00	借	25,064.00
01			当前累计	43,064.00	58,000.00	借	25,064.00

图 3-26 “原材料明细账”窗口

3）在查询明细账时，可单击“科目”右侧的下拉按钮选择需要查看的其他明细科目。

4）显示出明细账后，用户通过单击“账页格式”右侧的下拉按钮，选择需要查询的格式。系统自动根据科目的性质列出选项供用户选择，如数量金额式等。

5）双击某行或单击“凭证”按钮，可查看相应的凭证。单击“总账”按钮可查看此科目的总账。

3. 余额表查询

余额表用于查询统计各级科目的本期发生额、累计发生额和余额等。传统的总账以总账科目为主线来分页设账，而余额表则可查询某月或某几个月的所有总账科目或明细科目的期初余额、本期发生额、累计发生额、期末余额。在实行计算机记账后，用户可以用余额表来代替总账。

操作过程如下：

1）执行菜单栏“总账”→“账簿查询”→“余额表”命令，打开“发生额及余额查询条件”对话框，如图 3-27 所示。

2）“发生额及余额查询条件”对话框与总账类似，用户选择相应查询条件后，单击“确认”按钮，打开“发生额及余额表”窗口，如图 3-28 所示。

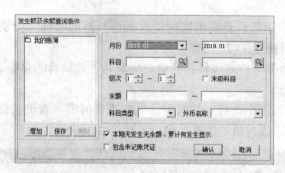

图 3-27　"发生额及余额查询条件"对话框

发生额及余额表

科目编码	科目名称	期初余额		本期发生		期末余额	
		借方	贷方	借方	贷方	借方	贷方
1001	库存现金	9,000.00		3,100.00	5,435.00	6,665.00	
1002	银行存款	730,000.00		940,800.00	195,030.00	1,475,770.00	
1122	应收账款	116,000.00		23,200.00	139,200.00		
1221	其他应收款	3,680.00			2,000.00	1,680.00	
1402	在途物资	50,000.00		53,204.00	103,104.00	100.00	
1403	原材料	60,000.00		103,104.00	109,000.00	54,104.00	
1405	库存商品	39,000.00		119,152.80	127,076.00	31,076.80	
1411	周转材料	2,320.00				2,320.00	
1601	固定资产	218,500.00		224,000.00	12,000.00	430,500.00	
1602	累计折旧		53,100.00	2,493.60	480.05		51,086.45
1603	固定资产减值准备				1,000.00		1,000.00
1606	固定资产清理			9,506.40		9,506.40	
1901	待处理财产损益			600.00	600.00		
资产小计		1,228,500.00	53,100.00	1,479,160.80	694,925.05	2,011,722.20	52,086.45

图 3-28　"发生额及余额表"窗口

3.2.2　辅助核算查询

　　部门辅助核算适用于需要按部门进行核算和考核的项目，如差旅费、办公费、招待费等。由于财务部门希望能及时掌握各部门各项收支的发生情况，各部门也希望随时了解本部门的各项收支发生数额，这对收支项目的部门辅助核算提出了客观的要求。采用计算机账务处理以后，可以在不增加会计人员的前提下，对各部门的各种收入、支出进行有效的管理。

　　个人往来是指单位内部职员之间发生的应收应付款业务，如销售人员预先借支差旅费、职工私人借款等。个人往来管理的工作量很大，所以将该业务纳入辅助核算管理，可以大大减轻会计人员的工作负担。

　　操作过程如下：

　　1）执行菜单栏"总账"→"辅助查询"命令，如图 3-29 所示，可以选择查询"部门总账""部门明细账""部门收支分析"等信息。

2）执行"部门总账"命令，可以查询"部门科目总账""部门总账""部门三栏总账"等信息，如图 3-30 所示。

图 3-29　"辅助查询"菜单　　　　　图 3-30　"部门总账"菜单

3）执行"部门总账"命令，打开"部门总账条件"对话框，选择相应的科目和部门后，单击"确定"按钮，如图 3-31 所示。

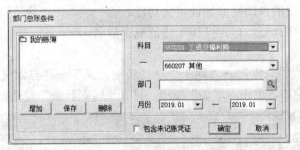

图 3-31　"部门总账条件"对话框

4）显示选定的部门与该部门的部门总账，如图 3-32 所示。

图 3-32　"行政部部门总账"窗口

3.3 期末账务处理

企业期末账务处理中，很多业务具有重复性和程序化的特点，并且处理方法相对固定，如各种费用的计提、分摊方法与结转方式等。用户可以把这些相对固定的期末账务处理业务预先定义好凭证的框架，包括记账凭证的凭证编号、附单据数、摘要和借贷方科目等，再为其定义好会计科目的取数公式，即记账凭证中金额的来源，以后只要每月月末调用自动转账凭证的编号，就可由计算机自动生成转账凭证。

3.3.1 自动转账凭证的设置

1. 自定义转账凭证的设置

自动转账凭证的设置有两种方式：一是会计软件设计者根据会计法规和会计制度预先在软件中设置某些转账业务的结转过程、计算方法，甚至金额来源，用户只需要按软件的提示，输入有关条件便能生成自动转账凭证，如结转损益、计提折旧等。二是由用户按照会计软件提供的自动转账凭证定义功能，逐一输入记账凭证要素，确定金额计算公式，生成自动转账凭证。自定义转账凭证属于后者。

操作过程如下：

1）执行菜单栏"总账"→"期末"→"转账定义"→"自定义转账"命令，打开"自动转账设置"窗口。单击"增加"按钮，打开"转账目录"对话框，如图3-33所示。

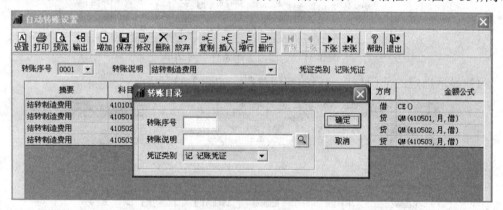

图3-33 "转账目录"对话框

2）输入转账序号与转账说明后，单击"确定"按钮，输入自动转账凭证主要信息，如图3-34所示。

金额公式的输入可单击"参照"按钮输入计算公式（对于初级用户，建议通过参照输入公式；对于高级用户，若已熟练掌握转账公式，也可直接输入转账函数公式）。

图 3-34 输入自动转账凭证主要信息

3）公式输入完毕后，按 Enter 键，可继续编辑下一条转账分录。全部完成后，单击"保存"按钮。

2. 期间损益结转的设置

期间损益结转是将损益类科目的本期余额全部自动转入"本年利润"科目，系统自动生成转账凭证。该设置可以用来反映企业在一个会计期间实现的利润或亏损额。

结转损益必须是在其他结转业务均已完成并且登记入账的情况下才可进行，否则，有可能会因为损益事项的不完整处理而影响核算结果的正确性。

操作过程如下：

1）执行菜单栏"总账"→"期末"→"转账定义"→"期间损益"命令，打开"期间损益结转设置"对话框，如图 3-35 所示。

图 3-35 "期间损益结转设置"对话框

2）表格上方的"本年利润科目"是本年利润的入账科目，可单击"放大镜"按钮或按 F2 键输入。

3）单击"确定"按钮保存期间损益结转设置结果。

3. 对应结转的设置

对应结转是指对两个科目的明细科目或辅助核算科目进行对应结转，它要求下级科目必须一一对应。对应结转只结转期末余额。

操作过程如下：

1）执行菜单栏"总账"→"期末"→"转账定义"→"对应结转"命令，打开"对应结转设置"对话框，如图3-36所示，输入编号、凭证类别、摘要、转出科目名称等内容。

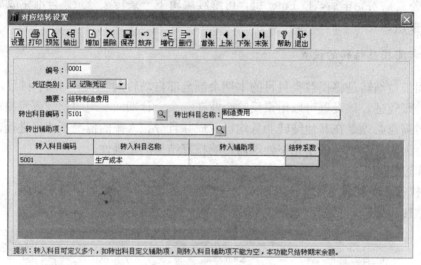

图 3-36 "对应结转设置"对话框

2）单击"增行"按钮，开始增加对应转入科目。

3）输入转入科目各项内容后，单击"增行"按钮，开始增加下一条定义。

4）输入完毕后，单击"保存"按钮。

4. 销售成本结转的设置

销售成本结转功能是用月末商品（或产成品）销售数量乘以库存商品（或产成品）的平均单价，以计算各类商品销售成本，并进行结转。

操作过程如下：

1）执行菜单栏"总账"→"期末"→"转账定义"→"销售成本结转设置"命令，打开"销售成本结转设置"对话框，如图3-37所示。

2）用户可输入总账科目或明细科目，但需要这3个科目具有相同结构的明细科目，即要求"库存商品"、"主营业务收入"和"主营业务成本"科目下的所有明细科目必须都有数量核算，并且这3个科目的下级科目必须一一对应。输入完成后，系统自动计算出所有商品的销售成本。

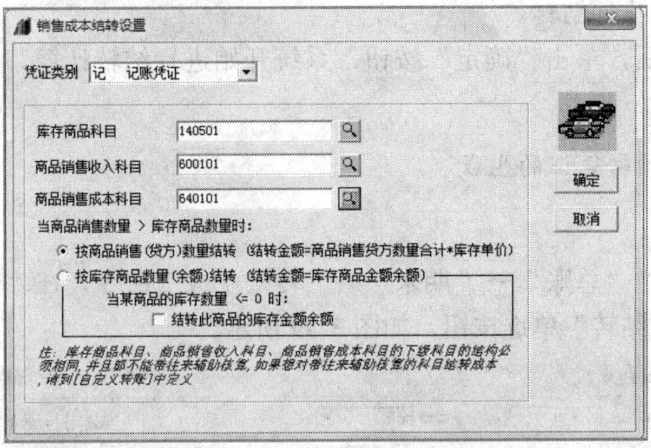

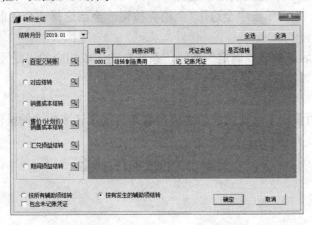

图 3-37　"销售成本结转设置"对话框

3.3.2　自动转账凭证的生成

在完成自动转账凭证的设置后，每月月末只需要执行转账凭证生成的功能就可以快速生成记账凭证，生成的记账凭证会自动追加到未记账凭证中。由于自动转账是按照已有记账凭证的数据进行计算的，在进行月末转账工作之前，要先将所有未记账的凭证记账，包括之前生成的自动转账凭证，否则，生成的转账凭证数据可能会出现错误。

1.　自定义转账凭证的生成

操作过程如下：

1）执行菜单栏"总账"→"期末"→"转账生成"→"自定义转账"命令，打开"转账生成"对话框，如图 3-38 所示。

图 3-38　"转账生成"对话框

2）选择需要结转的转账凭证，在相应的"是否结转"文本框处双击，显示"✓"就表示该转账凭证将执行结转。

3）选择完毕后，单击"确定"按钮，系统开始进行结转计算，并生成相应的记账凭证。

2．期间损益结转凭证的生成

操作过程如下：

1）执行菜单栏"总账"→"期末"→"转账生成"命令，在"转账生成"对话框中选中"期间损益结转"单选按钮，如图 3-39 所示。

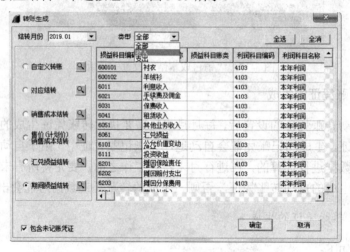

图 3-39　期间损益转账凭证的生成

2）可在"类型"下拉列表框中选择"全部""收入""支出"类型，选择需要结转的期间损益科目。也可单击"全选""全消"按钮，全部选择或全部取消要结转的期间损益科目。

3）选择完毕后，单击"确定"按钮，系统自动生成相应的记账凭证。

3．其他结转凭证的生成

对应结转、销售成本结转凭证的生成步骤与自定义转账生成的操作基本相同。

3.4　对账和结账

3.4.1　对账

对账是对账簿数据进行核对，以检查记账是否正确、账簿是否平衡。对账主要通过核对总账与明细账、总账与辅助账数据来完成账账核对。一般来说，使用计算机记账后，只要记账凭证输入正确，计算机自动记账后各种账簿都应是正确的、平衡的，但非法操作、计算机病毒或其他原因，有时可能会造成某些账簿数据被破坏，因而引起账账不符。为了保证账证相符、账账相符，用户应经常对账（至少一个月一次），一般可在月末结账前进行。

操作过程如下：

1）执行菜单栏"总账"→"期末"→"对账"命令，打开"对账"对话框，如图3-40所示。

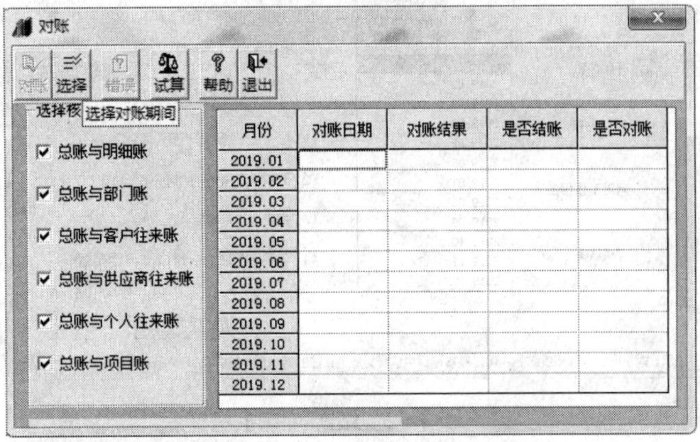

图3-40　"对账"对话框

2）双击要进行对账月份的"是否对账"栏，或将光标移到要进行对账的月份，单击"选择"按钮，选择对账月份，此时"对账"按钮为可选状态。

3）单击"对账"按钮，系统开始自动对账。在对账过程中，单击"对账"按钮可停止对账。

4）若对账结果为账账相符，则对账月份的"对账结果"处显示"正确"，如图3-41所示。

月份	对账日期	对账结果	是否结账	是否对账
2019.01	2019.01.31	正确		Y
2019.02				

图3-41　对账结果

5）单击"试算"按钮，可以对各科目类别余额进行试算平衡。

3.4.2　结账

结账是指每月终了后，在所有经济业务登记入账的基础上，计算并结转各账簿的本期发生额和期末余额，并终止本期账务处理的工作过程。在会计电算化方式下，结账工作比手工方式简单得多，与记账工作类似，它是一种人工控制下的自动化处理过程。要注意的是，每月只能结一次账；上月未结账，则本月不能结账；本月还有未记账凭证时，不能结账；已经结账的月份不能再填制凭证。

操作过程如下：

1）执行菜单栏"总账"→"期末"→"结账"命令，进入结账向导 1 开始结账，并选择结账月份，如图 3-42 所示。

图 3-42　结账向导 1

2）单击"下一步"按钮，进入结账向导 2 核对账簿，如图 3-43 所示。

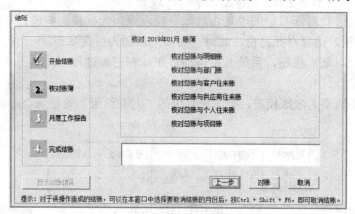

图 3-43　结账向导 2

3）单击"对账"按钮，系统对要结账的月份进行账账核对。在对账过程中，可单击"停止"按钮中止对账，对账完成后，单击"下一步"按钮，进入结账向导 3 月度工作报告，如图 3-44 所示。

图 3-44 结账向导 3

4）查看工作报告后，单击"下一步"按钮，完成结账，单击"结账"按钮，若符合结账要求，系统将进行结账，否则不予结账。

练 习 题

练习题答案 3

一、单选题

1. 凭证正文包括摘要、科目名称和（   ）等。

A. 顺序号　　　　B. 金额　　　　C. 附件张数　　　　D. 日期

2. 在记账凭证的输入过程中，会计科目必须是（   ）科目。

A. 一级　　　　B. 末级　　　　C. 二级　　　　D. 六级

3. 如果想在记账凭证中实现借方和贷方金额栏切换，可按（   ）键。

A. Ctrl　　　　B. Alt　　　　C. =　　　　D. 空格

4. 在账务处理系统中，（   ）的错误凭证可实现"有痕迹"的修改。

A. 未审核　　　　B. 未记账　　　　C. 已审核　　　　D. 已记账

5. 期间损益结转就是将损益类科目的本期余额全部自动转入（   ）科目。

A."利润分配"　　B."实收资本"　　C."短期投资"　　D."本年利润"

二、多选题

1. 辅助性凭证输入功能包括（   ）。

A. 常用摘要输入功能　　　　　　B. 常用金额输入功能

C. 常用凭证输入功能　　　　　　D. 编码提示功能

2.（   ）属于往来核算管理范畴。

A. 供应商往来　　B. 部门往来　　C. 项目往来　　D. 客户往来

3．在会计电算化系统中，对已记账的错误凭证可根据实际情况采用（　　　）进行更正。

    A．划线更正法　　B．刮擦法　　　C．红字冲销法　　　D．补充登记法

4．账簿查询包括（　　　）。

    A．总分类账簿　　　　　　　　B．明细分类账簿

    C．会计报表　　　　　　　　　D．余额表

5．下列情况中，不能结账的是（　　　）。

    A．上月未记账　　　　　　　　B．本月还有未记账凭证

    C．凭证全部记账　　　　　　　D．下月未记账

三、判断题

1．在会计电算化系统中，凭证合计数是由计算机根据借方和贷方的发生额自动计算得出的。（　　　）

2．记账凭证中，凭证编号只能由系统自动产生。（　　　）

3．为提高审核的速度，会计软件系统设置了对整批凭证进行审核的功能，但不能成批取消签章。（　　　）

4．记账处理只能对上月的记账凭证进行记账。（　　　）

5．自动转账凭证属于一次定义、当期有效的处理方式。（　　　）

实训5　辅助余额录入、凭证录入

实训要求

1）辅助余额录入。
2）试算平衡。
3）常用摘要输入。
4）凭证录入。

实训准备

以"301 宁静"的身份登录用友畅捷通 T3 系统，密码为 1，操作日期为 2020 年 1 月 1 日。

实训资料

1．辅助账期初余额表

（1）应收账款

应收账款相关信息如表 3-1 所示。

表 3-1　应收账款相关信息　　　　　　单位：元

日期	客户	摘要	方向	金额	业务员
2019-04-20	北京东方公司	销售	借	130 000	李明
2019-11-12	千山飞燕超市	销售	借	62 000	李明

（2）其他应收款

其他应收款相关信息如表 3-2 所示。

表 3-2　其他应收款相关信息　　　　　　单位：元

日期	部门	个人	摘要	方向	期初余额
2019-12-09	办公室	肖克	出差借款	借	4 000
2019-12-22	销售部	张天赐	出差借款	借	3 600

（3）应付账款

应付账款相关信息如表 3-3 所示。

表 3-3　应付账款相关信息　　　　　　单位：元

日期	供应商	摘要	方向	金额	业务员
2019-12-16	千山市钢铁集团公司	购买材料	贷	39 000	王权
2019-10-27	陕西工贸公司	购买材料	贷	30 000	王权

2. 试算平衡

单击"试算"按钮，进行试算平衡检验。

3. 常用摘要输入

常用摘要信息如表 3-4 所示。

表 3-4　常用摘要信息

编码	摘要	编码	摘要
01	提取现金	10	支付水电费
02	采购材料	11	结转制造费用
03	销售产品	12	支付修理费
04	材料入库	13	交税
05	借支差旅费	14	结转完工产品成本
06	支付办公费	15	接受投资
07	收回货款	16	支付广告费
08	报销差旅费	17	领用材料
09	向银行借款	18	结转已销售产品成本

4. 录入凭证

更换操作员为"303 赵勇真"，密码为3，操作日期为2020年1月1日，录入凭证。

1）1月1日，开出现金支票，票号X001，从中国工商银行提取现金5 000元，附单据1张。

凭证字：付　　　　摘要：提取现金

借：库存现金　　　　　　　　　　　　　　　　　　　　　　　5 000

　　贷：银行存款——工行存款　　　　　　　　　　　　　　　　　　5 000

2）1月2日，办公室肖克回公司报销差旅费4 000元，原来借支金额为4 000元，票号为C001，附单据4张。

凭证字：转　　　　摘要：报销差旅费

借：管理费用——差旅费　　　　　　　　　　　　　　　　　　4 000

　　贷：其他应收款　　　　　　　　　　　　　　　　　　　　　　4 000

3）1月3日，向中国工商银行借入3个月借款100万元，存入银行账户，结算方式为"其他"，票号为Q001，附单据3张。

凭证字：收　　　　摘要：向银行借款

借：银行存款——工行存款　　　　　　　　　　　　　　　　1 000 000

　　贷：短期借款　　　　　　　　　　　　　　　　　　　　　1 000 000

实训 6　记账凭证录入

实训要求

1）根据经济业务编制记账凭证。

2）更正填制错误的记账凭证。

实训准备

以"303 赵勇真"的身份登录用友畅捷通T3系统，密码为3，操作日期为2020年1月1日。

实训资料

时间均为2020年1月。

1）4日，以现金支付办公室的办公费120元，附单据2张。

2）5日，财会科宁静出差借支差旅费300元，以现金支付，票号为C002，附单据1张。

3）6 日，采购部业务员王权从千山市钢铁集团公司购入铝合金 2 000 千克，增值税发票注明不含税单价 20 元，增值税税率为 13%，以中国工商银行转账支票方式支付，票号为 Z001，材料尚未验收入库，附单据 3 张（存货按实际成本核算）。

4）7 日，从千山市钢铁集团公司购入的铝合金验收入库，数量为 2 200 千克，单价 21 元，附单据 1 张。

5）8 日，接受外商投资 20 万美元，汇率为 6.332 9，款项存入中国银行账户，结算方式为"其他"，票号为 Q002，附单据 2 张。

6）9 日，向北京东方公司销售餐桌 200 张，开出增值税专用发票，票号为 P001，销售部业务员为李明，商品不含税价款 100 000 元，增值税税额为 13 000 元，已通过中国工商银行办理托收承付手续，附单据 4 张。

7）10 日，开出中国工商银行转账支票，票号为 Z002，支付本月应交所得税 4 000 元。附单据 2 张。

8）11 日，收到千山市飞燕超市现金 6 000 元，归还其部分所欠货款，业务员为李明，票号为 P002，附单据 1 张。

9）12 日，开出中国工商银行转账支票，票号为 Z003，支付广告费 8 000 元。附单据 2 张。

10）13 日，领用材料。其中，生产车间为生产餐桌领用铝合金 100 千克，单价 21 元，木板 30 米，单价 100 元；车间管理部门领用油漆 10 桶，单价 70 元，附单据 3 张。

实训 7 凭证其他处理

实训要求

1）常用凭证的设置与生成。
2）凭证查询。
3）凭证修改。
4）凭证作废与删除。
5）出纳签字。
6）审核。
7）记账。

实训准备

以"303 赵勇真"的身份登录用友畅捷通 T3 系统，密码为 3，操作日期为 2020 年 1 月 1 日。

实训资料

1. 常用凭证设置

（1）基本信息

编码：1；说明：从中国工商银行提取现金；凭证类别：付款凭证；常用凭证分类：无分类；附单据数：1；启用：是。

（2）具体设置

第一行　科目编码：1001；

第二行　科目编码：100201；

结算方式：现金支付。

2. 调用凭证

1月14日，从中国工商银行提取现金1 000元，票号为X011，附单据1张。要求调用常用凭证生成。

3. 凭证查询

1）查询凭证类别为收款凭证、日期为2020年1月5～10日的记账凭证。

2）查询科目为"主营业务收入"的记账凭证。

3）查询全部未记账凭证中，凭证类别为转账凭证、制单人为赵勇真的记账凭证，并打开符合查询条件的第一张凭证查询。

4）查询凭证类别为付款凭证、凭证号为0002的记账凭证。

4. 凭证修改

1）在时间为1月5日的记账凭证中，将辅助项目中的部门由"财会科"改为"采购部"，职员由"宁静"改为"刘浩"。

2）将"收"字001号记账凭证中的附单据数改为"2"，"短期借款"科目改为"长期借款"科目，金额改为"200万元"。

3）将"转"字002号记账凭证中的入库材料数量改为"2 000千克"，单价改为"20元"。

4）将时间为1月14日的记账凭证的票号改为"X003"。

5. 凭证作废与删除

1）将1月8日的记账凭证作废。

2）取消1月8日记账凭证的作废标记。

3）作废并删除1月14日的记账凭证。

6. 出纳签字

更换操作员为"304王一丹"，对所有收付款凭证执行出纳签字。

7. 审核凭证

更换操作员为 "302 孙晓华", 对所有凭证进行审核。

8. 记账

更换操作员为 "301 宁静", 对所有已审核的凭证进行记账。

实训 8　期末处理与账簿查询

实训要求

1) 自动转账凭证定义。
2) 自动转账凭证生成。
3) 账簿查询。
4) 结账。

实训准备

以 "303 赵勇真" 的身份登录用友畅捷通 T3 系统, 密码为 3, 日期为 2020 年 1 月 31 日。

实训资料

1. 定义自动转账凭证

（1）对应结转设置

编号：1；凭证类别：转账凭证；摘要：结转制造费用；转出科目：制造费用；转出辅助项：无；转入科目：生产成本——转入制造费用；转入辅助项：无；结转系数：1。

（2）设置自定义转账凭证

转账序号：1；转账说明：结转完工产品成本；凭证类别：转账凭证。

设置结转完工产品的成本信息, 如表 3-5 所示。

表 3-5　结转完工产品的成本信息

摘要	科目编码	方向	金额公式
结转完工产品成本	140501	借	JG( )
结转完工产品成本	500101	贷	QM(500101,月)
结转完工产品成本	500102	贷	QM(500102,月)
结转完工产品成本	500103	贷	QM(500103,月)

转账序号：2；转账说明：结转已经销售产品成本；凭证类别：转账凭证。

设置结转已经销售产品成本信息，如表3-6所示。

表3-6 结转已经销售产品成本信息

摘要	科目编码	方向	金额公式
结转已经销售产品成本	6401	借	JG( )
结转已经销售产品成本	140501	贷	170*200

（3）设置"期间损益"

凭证类别：转账凭证；"本年利润"科目设置为"4103"。

2．凭证生成

1）生成对应结转凭证。

2）生成自定义转账凭证编码为0001的记账凭证（包含未记账凭证）。

3）生成自定义转账凭证编码为0002的记账凭证，并更换为操作员"302 孙晓华"审核，操作员"301 宁静"记账。

4）生成期间损益结转的记账凭证，类型选择"全部"，科目全选。更换为操作员"302 孙晓华"审核，操作员"301 宁静"记账。

3．以"301 宁静"的身份进行账簿查询

1）查询"银行存款"总账。

2）查询"管理费用"总账，并联查明细账。

3）按科目查询"应交税费——应交增值税"明细账，按对方科目展开。

4）查询"实收资本"月份综合明细账，并查询1月8日的凭证记录。

5）查询2020年1月所有科目的余额表。

6）查询2020年损益类科目余额表。

7）查询部门为"办公室"，个人为"肖克"的个人明细账。

8）查询部门为"销售部"，个人为"张天赐"的个人余额表。

9）查询科目为"管理费用"，部门为"办公室"的部门科目总账。

10）查询科目"660201"至"660206"、部门为"办公室"的部门明细账。

11）查询"库存现金"科目日记账。

4．对账、结账

以"301 宁静"的身份执行对账、结账。

第 4 章　报表管理系统

📝 学习目标

1. 了解会计报表管理系统的相关内容。
2. 熟悉报表主要业务流程，学会正确利用报表设计的原理进行报表格式设计。
3. 掌握利用报表格式生成报表数据的过程，能编制各类内部和外部报表。

📝 案例导入

又到月末了，公司的员工们都忙个不停。宁静刚走进业务一部的经理室，就看见孙经理左手拿着电话和客户交流；右手快速敲击键盘，在计算机上查看资料，桌上还放着一大沓的报表文件。"宁静，快进来！"孙经理放下电话，招呼着她。宁静走进来笑着对孙经理说："会计到了月末都很忙啊！""嗯，月末要完成凭证的整理、账簿的结账，还要编制会计报表，事情都堆到一块了。"孙经理边整理着桌上的文件边说道："前段时间你把宏大公司的凭证账簿处理得很好，现在该公司又委托我们编制这个月的资产负债表和货币资金方面的内部报表，你能不能把这个业务也接下来？"宁静点头同意，并说自己也想掌握会计软件中的报表编制方法。

宁静现在需要了解会计电算化会计报表的相关概念、报表的操作流程；如何自己设计一张会计报表，并产生报表数据；怎么利用会计软件中已有的报表模块生成新的资产负债表。

4.1　会计报表管理系统概述

会计报表是会计核算工作的结果，是反映会计主体财务状况、经营成果和财务收支情况的书面材料，也是财会部门提供财务信息的重要手段。

会计报表管理系统是会计信息系统中一个独立的子系统，它为企业内部各管理部门及外部相关部门提供综合反映企业一定时期财务状况、经营成果和现金流量的会计信息。

4.1.1　报表管理系统的分类与编制流程

1. 报表管理系统的分类

概括来讲，目前的报表管理系统主要分为专用会计报表系统、电子报表系统和通用会计报表系统 3 类。

（1）专用会计报表系统

专用会计报表系统是系统或行业为特定需要而设计开发的，它把会计报表的种类（张数）、格式和编制方法固定在程序中，报表发生变化，程序就需要进行相应的修改。这种软件操作简单，但操作者对程序设计者的依赖性很强。当报表的种类（张数）、格式、编制方法等内容发生变化时，只有程序设计者改变程序后才能继续使用，而一旦离开专设的系统程序员，系统很难保证正常运行，也不利于报表系统的推广应用。

（2）电子报表系统

电子报表系统是一种纯粹的报表管理系统。它的产生时间较早，但最初并不是为会计工作而设计的。目前世界上常用的电子报表系统有 Excel 等。这类电子报表系统具有比较完善的功能，可以从数据库资源中提取数据，以完成对数据的汇集和表述。

（3）通用会计报表系统

通用会计报表系统能够提供一种通俗易懂的方法，由使用者根据自己的实际情况定义会计报表的种类（张数）、格式和编制方法。计算机根据使用者的定义，从现有的其他模块（账务处理、工资核算模块等）提供的数据库资源中提取数据，自动生成会计报表的全部内容。因此，这类报表管理系统对编制会计报表非常实用。

2．报表编制流程

根据计算机编制报表的工作内容，会计报表软件的工作流程可分为以下 4 步。

1）报表名称定义。

2）报表格式设计。

3）数据处理公式设置及报表编制。

4）报表输出。

通用会计报表管理系统中，计算机根据使用者的定义，从现有的其他模块提供的数据库资源中提取数据，自动生成会计报表的全部内容。

4.1.2　报表基本结构

按照报表结构的复杂程度，可将报表分为简单报表和复合报表。简单报表是规则的二维表，由若干行和列组成；复合报表是简单报表的某种组合。大多数的会计报表，如资产负债表、利润表等都是简单报表。

简单报表一般由标题、表头、表体和表尾组成，如图 4-1 所示。

1）标题：用来描述报表的名称。报表的标题可能不止一行，有时会有副标题、修饰线等内容。

2）表头：用来描述报表的编制单位名称、日期等辅助信息和报表栏目。

3）表体：报表的核心，决定报表的横向组成，这些行称为表行；在横向上，每个表行又由若干个栏目构成，这些栏目称为表列。

　　4）表尾：表体以下进行辅助说明的部分及编制人、审核人等内容。

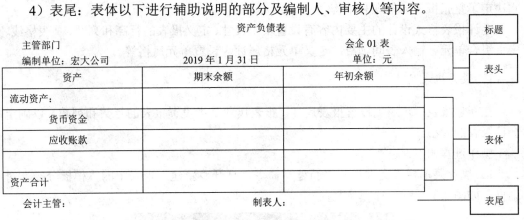

图 4-1　简单报表结构

4.2　报表格式设计

　　会计软件中的报表是在格式状态下设计报表的表样，如表尺寸、行高列宽、单元属性、组合单元、关键字等；在格式状态下定义报表的公式。

4.2.1　设计表样

　　在使用用友畅捷通 T3 软件设计表样之前，应在系统主界面中单击左侧导航条的"新建财务报表"按钮，启动会计报表管理系统，如图 4-2 所示。新建报表建立的是一个报表簿，可容纳多张报表。

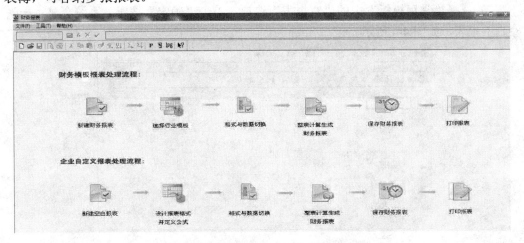

图 4-2　用友畅捷通 T3 软件会计报表管理系统主界面

新表创建完成后，应进行报表的格式设计。报表格式设计是制作报表的基本步骤，它决定了整张报表的外观和结构。

会计报表格式设计的主要内容有设置报表尺寸、定义报表的行高和列宽、画表格线、定义组合单元、输入表间项目、定义单元格属性、设置单元风格等。

1. 设置报表尺寸

在新建报表后，应先设置报表尺寸。报表尺寸是指设置报表的行数和列数，以确定会计报表的大小。

操作过程如下：

1）执行菜单栏"文件"→"新建"命令，打开"新建"报表中的"模板分类"对话框，如图 4-3 所示。

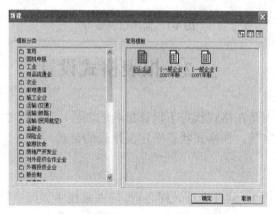

图 4-3　"新建"报表的"模板分类"对话框

2）选择"常用模板"中的"空报表"选项，单击"确定"按钮，系统会显示一张空白的报表，如图 4-4 所示。

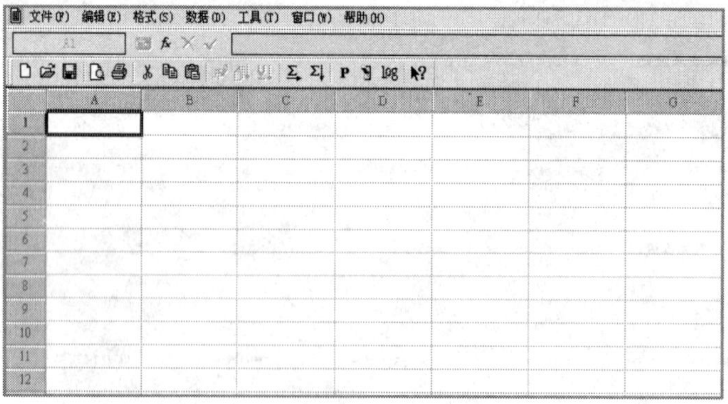

图 4-4　空报表

3）执行菜单栏"格式"→"表尺寸"命令，打开"表尺寸"对话框，如图 4-5 所示。直接输入行数、列数的具体数值或单击"行数""列数"文本框右侧的上下微调按钮，调整报表的行数、列数。

4）单击"确认"按钮，空白报表调整到"表尺寸"定义的行数、列数。

2.　定义报表的行高和列宽

如果报表中某些单元的行或列要求比较特殊，则需要调整该行的行高或列的列宽。操作过程如下：

1）选中要设置行高的区域，执行菜单栏"格式"→"行高"命令，打开"行高"对话框，如图 4-6 所示。

图 4-5　"表尺寸"对话框　　　　图 4-6　"行高"对话框

2）直接输入行高的具体数值或单击"行高"文本框右侧的上下微调按钮选择行高的数值。

3）单击"确认"按钮。

定义报表列宽的操作步骤与行高的设置类似，均在"格式"下拉菜单中选择，如图 4-7 所示。

3.　画表格线

报表的尺寸设置完成后，在数据状态下，该报表是没有任何表格线的，为了满足查询和打印的需要，还需要画上表格线。

操作过程如下：

1）选择需要画线的区域，如 A3:E6，单击 A3 单元格并拖动至 E6 单元格。

2）执行菜单栏"格式"→"区域画线"命令，打开"区域画线"对话框，如图 4-8 所示。

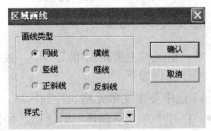

图 4-7　"格式"下拉菜单　　　　图 4-8　"区域画线"对话框

3）单击"网线"或其他按钮，确定画线类型；单击"样式"右侧的下拉按钮，调整线条样式。

4）单击"确认"按钮。

在格式状态下设置表格线，在数据状态下能清晰地查看设置结果。

4. 定义组合单元

有些内容如标题、编制单位、日期及货币单位等信息可能在一个单元中容纳不下，所以为了实现这些内容的录入和显示，需要定义组合单元。

操作过程如下：

1）将光标移动到 A1 单元格，拖动鼠标至 E1 单元格，选择需要合并的区域 A1:E1。

2）执行菜单栏"格式"→"组合单元"命令，打开"组合单元"对话框，如图 4-9 所示。

图 4-9　"组合单元"对话框

3）单击"按行组合"按钮或单击"整体组合"按钮。若要取消所定义的组合单元，可以单击"取消组合"按钮。

5. 输入表间项目

报表表间项目是指报表的文字内容，主要包括表头内容、表体项目和表尾项目等。

操作过程如下：

1）将光标移至对应单元格，输入相应文字或数字。

2）重复以上的操作，输入完成所有表样文字。

编制单位、日期一般不需要输入，会计报表管理系统会将其单独设置为关键字。

6. 定义单元格属性

单元格属性主要是指单元类型、数字格式、边框样式等内容的设置。

操作过程如下：

1）选中要定义单元格属性的区域，如 B4:F8。执行菜单栏"格式"→"单元格属性"命令，打开"单元格属性"对话框，如图 4-10 所示。

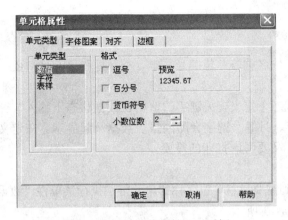

图 4-10　"单元格属性"对话框

2）选择"单元类型"列表框中的"数值"选项，确定单元格的类型。

3）单击"确定"按钮。

报表新建时，所有单元的单元格属性均默认为"数值"类型。在格式状态下，输入的内容均默认为"表样"类型。

7. 设置单元风格

单元风格主要是指单元内容的字体、字号、字型、对齐方式、颜色图案等内容的设置。设置单元风格会使报表更符合用户的阅读习惯，更加美观清晰。

操作过程如下：

1）选中要设置单元风格的单元格或区域，执行菜单栏"格式"→"单元格属性"命令，打开"单元格属性"对话框，分别选择"单元类型""字体图案""对齐""边框"选项卡进行设置，设置方法类似于 Word 中的段落格式设置，如图 4-11 和图 4-12 所示。

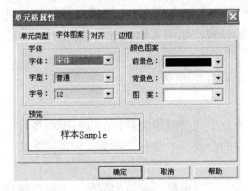

图 4-11　字体图案设置

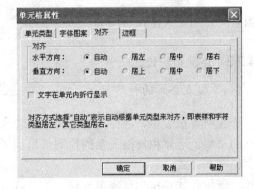

图 4-12　对齐方式设置

2）设置完毕后，单击"确定"按钮，就可以在会计报表窗口里查看效果。

4.2.2 设置关键字

关键字主要有单位名称、单位编号、年、季、月和日6种，还可以根据需要设置相应的关键字。

关键字在格式状态下定义，关键字的值则在数据状态下输入。每张报表可以同时定义多个关键字，如年、月等关键字会随同报表数据一起显示。在定义关键字时，既要考虑编制报表的需要，又要考虑打印的需要。

操作过程如下：

1）将光标移动到需要设置单位名称的单元格，执行菜单栏"数据"→"关键字"→"设置"命令，如图4-13所示。

图4-13　"数据"下拉菜单

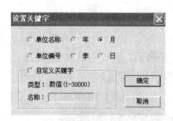

图4-14　"设置关键字"对话框

2）在"设置关键字"对话框中点选"单位名称"单选按钮，再单击"确定"按钮，完成关键字的设置。

3）将光标移动到需要设置时间的单元格，执行"数据"→"关键字"→"设置"命令，打开"设置关键字"对话框。

4）点选"年""月"等单选按钮，再单击"确定"按钮，完成关键字的设置，如图4-14所示。

4.2.3 定义报表公式

1. 报表公式的种类

在财务报表中，各种报表之间存在着密切的数据间的逻辑关系，所以报表中各种数据的采集、运算和勾稽关系的检测就用到了不同的公式，主要有计算公式、审核公式和舍位平衡公式。

计算公式是指为报表单元赋值的公式，利用它可以将单元赋值为数值，也可以赋值为字符。对于需要从报表本身或其他子系统（如总账、工资、固定资产、存货核算等）中取数，以及一些小计、合计、汇总等数据的单元，都可以利用计算公式进行计算。

报表中各个数据之间存在着一定的对应关系，通常称为勾稽关系。用户可以利用这种勾稽关系定义审核公式来进一步检验报表编制的结果是否正确。

报表的数据生成后往往非常庞大，不方便阅读，另外在报表汇总时各个报表的货币计量单位有可能不统一。这时，就需要将报表的数据进行位数转换，即将报表单位数据由个位转换为百位、千位或万位，如将"元"单位转换为"千元"或"万元"单位，这种操作称为进（舍）位操作，这类公式称为舍位平衡公式。

2．定义单元公式

在定义单元公式时，可以直接输入公式，也可以利用函数向导输入公式。

（1）直接输入公式

单元公式在输入时，凡是涉及数字符号和标点符号的必须采用英文半角字符，否则系统会认为公式输入错误而不能保存。

操作过程如下：

1）将光标移动到指定单元并单击。

2）执行菜单栏"数据"→"编辑公式"→"单元公式"命令，打开"定义公式"对话框，如图 4-15 所示。

图 4-15　"定义公式"对话框

3）在单元格"="后的空白栏直接输入公式。

4）单击"确认"按钮。

（2）利用函数向导输入公式

如果对会计报表管理系统的函数不了解，可以利用函数向导输入公式。

常用的 UFO 账务函数如表 4-1 所示。

表 4-1　常用的 UFO 账务函数

项目	期初余额	期末余额	发生额	发生净额	计划数
总账	QC	QM	FS	JE	JH
数量账	SQC	SQM	SFS	SJE	

账务函数的基本格式：

函数名("科目编码"，会计期，"方向"，账套号)

利用函数向导输入公式的操作步骤如下：

1）将光标移动到指定单元格并单击。

2）执行菜单栏"数据"→"编辑公式"→"单元公式"命令，打开"定义公式"对话框，如图4-15所示。

3）单击"函数向导"按钮，打开"函数向导"对话框，如图4-16所示。

4）选择函数分类下的"用友账务函数"和函数名对应选项。

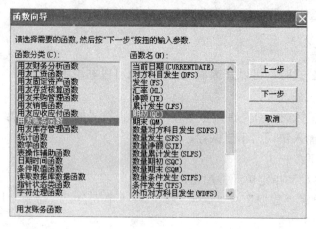

图4-16　"函数向导"对话框

5）单击"下一步"按钮，打开"用友账务函数"对话框，如图4-17所示。

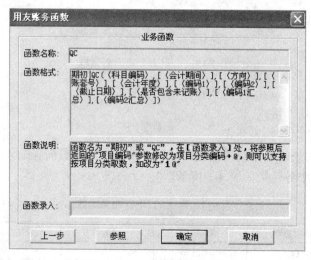

图4-17　"用友账务函数"对话框

6）单击"参照"按钮，打开"账务函数"对话框，如图4-18所示。

7）单击"科目"栏右侧的"…"按钮，选择相应科目。

8）连续单击"确定"按钮，直至公式定义完成，如图4-19所示。

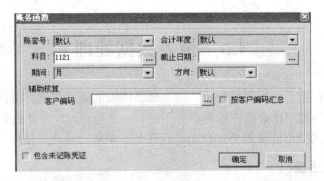

图 4-18　"账务函数"对话框

图 4-19　报表公式定义

4.2.4　保存报表

报表的格式设置完成后，为了确保以后能随时调出使用并生成报表数据，应将会计报表的格式保存起来。新建报表第一次保存时，打开"保存为"对话框，要求用户指定存放报表文件的路径。在用友畅捷通 T3 软件中，".rep"为报表文件专用扩展名。

操作过程如下：

1）在格式状态下，执行菜单栏"文件"→"保存"命令或使用"Ctrl+S"组合键。

2）在"文件名"文本框中输入报表名称，如图 4-20 所示。

图 4-20　会计报表保存窗口

3）单击"保存"按钮。

4.3 报表数据处理

报表数据处理主要包括报表数据生成、报表模板的调用和表页追加、查找与报表输出等工作，报表处理工作必须在数据状态下进行。在处理时，计算机会根据已定义的单元公式、审核公式和舍位平衡公式自动进行取数、审核及舍位等操作。

4.3.1 报表数据生成

1. 进入报表数据状态

操作过程如下：

方法1：

1）执行菜单栏"文件"→"打开"命令。

2）在"打开"对话框中选择报表名称，单击"打开"按钮。

方法2：

直接在资产负债表的格式状态下，单击报表左下角的"数据/格式"按钮进入报表的数据状态。

2. 输入关键字

操作过程如下：

1）执行菜单栏"数据"→"关键字"→"录入"命令，打开"录入关键字"对话框，如图4-21所示。

2）输入对应的关键字。

3）单击"确认"按钮，系统会打开"是否重算第1页？"信息提示对话框，如图4-22所示，如果此时要生成有关报表数据，就单击"是"按钮，否则单击"否"按钮退出。

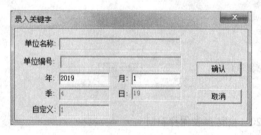

图4-21 "录入关键字"对话框

图4-22 表页重算提示（1）

3. 报表数据的计算

计算报表数据是在数据处理状态下进行的,它既可以在输入完报表的关键字后直接计算,也可以使用菜单功能计算。

操作过程如下:

1)执行菜单栏"数据"→"表页重算"命令,如图 4-23 所示,计算当前表页数据。

图 4-23　"数据"下拉菜单

2)在打开的"是否重算第 1 页?"对话框中,单击"是"按钮,系统经过自动计算生成会计报表数据。

4.3.2　报表模板的调用

会计核算软件的报表管理系统通常提供各类行业的标准会计报表模板,以方便不同企业编制会计报表。这类会计报表模板参照国家会计制度,编制完整的报表格式与报表公式。会计人员只需调用报表模板就可以轻松地完成资产负债表、利润表和现金流量表等主要会计报表的编制工作。

需要注意的是,系统提供的报表模板并不一定符合所有企业的会计处理方法或需求,在实际工作中,会计人员应根据企业的具体情况对模板进行相应调整,以保证报表输出数据的正确性。

操作过程如下:

1)在"报表管理系统"窗口中,执行菜单栏"文件"→"新建"命令,打开"新建"对话框,如图 4-24 所示。

2)在"模板分类"列表中选择用户需要的模板类别,双击选择右边具体的报表图标,如"资产负债表",系统就会显示该表格,如图 4-25 所示。

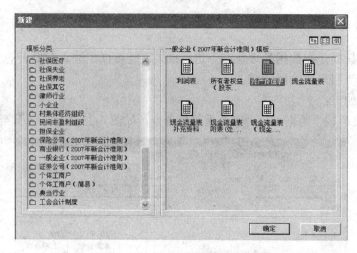

图 4-24 报表"新建"对话框

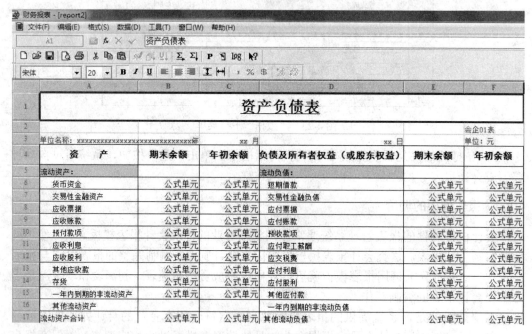

图 4-25 "资产负债表"窗口

图 4-26 表页重算提示（2）

3）在数据状态下输入关键字后，系统会打开"是否重算第 1 页？"信息提示对话框，如图 4-26 所示。

4）单击"是"按钮，报表计算得出数据，如图 4-27 所示。

5）执行菜单栏"文件"→"保存"命令，保存该报表。

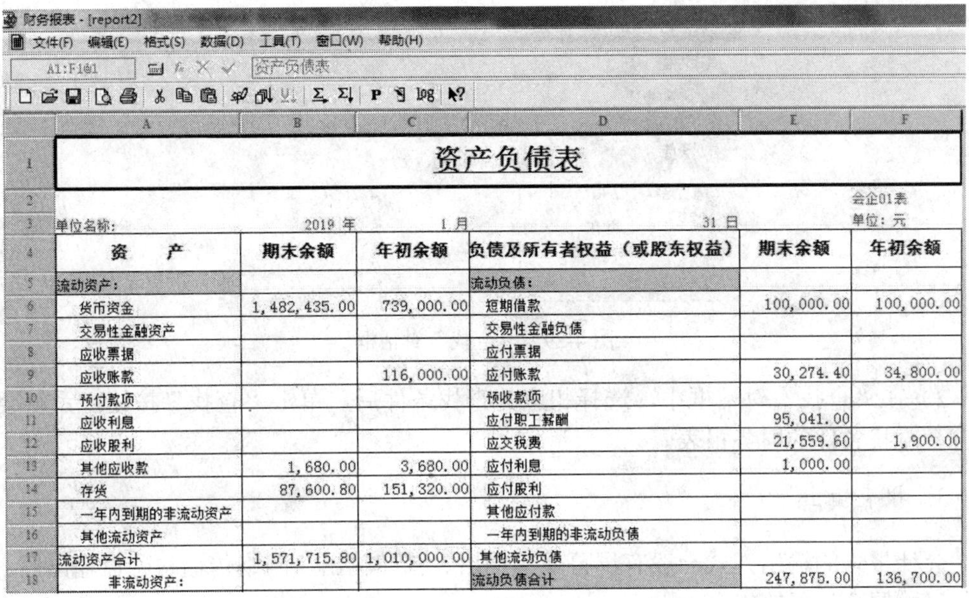

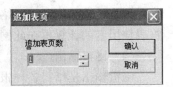

	A	B	C	D	E	F
1	资产负债表					
2						会企01表
3	单位名称:	2019 年	1 月	31 日		单位：元
4	资　　产	期末余额	年初余额	负债及所有者权益（或股东权益）	期末余额	年初余额
5	流动资产：			流动负债：		
6	货币资金	1,482,435.00	739,000.00	短期借款	100,000.00	100,000.00
7	交易性金融资产			交易性金融负债		
8	应收票据			应付票据		
9	应收账款		116,000.00	应付账款	30,274.40	34,800.00
10	预付款项			预收款项		
11	应收利息			应付职工薪酬	95,041.00	
12	应收股利			应交税费	21,559.60	1,900.00
13	其他应收款	1,680.00	3,680.00	应付利息	1,000.00	
14	存货	87,600.80	151,320.00	应付股利		
15	一年内到期的非流动资产			其他应付款		
16	其他流动资产			一年内到期的非流动负债		
17	流动资产合计	1,571,715.80	1,010,000.00	其他流动负债		
18	非流动资产：			流动负债合计	247,875.00	136,700.00

图 4-27　资产负债表数据

4.3.3　表页追加、查找与报表输出

1. 表页追加

在报表管理系统中，如果已经编制过资产负债表、利润表等某月份的财务报表，可以通过追加表页的方式，增加其他月份的同类型报表。在输入关键字后，系统会按照设置好的报表格式与公式，自动生成新的月份财务报表。

操作过程如下：

1）打开一个已有的报表，将其转换到数据状态下，执行菜单栏“编辑”→“追加”→“表页”命令，打开“追加表页”对话框，如图 4-28 所示。

图 4-28　“追加表页”对话框

2）选择或输入要追加的表页数，单击“确认”按钮，生成新的空表表页。

2. 表页查找

为方便用户在众多的会计报表中进行查询，用友畅捷通 T3 软件提供了“表页查找”功能，用户可以按编制单位、编制日期等条件查询到所需要的财务报表。

操作过程如下：

1）在数据状态下，执行菜单栏“编辑”→“查找”命令，打开“查找”对话框，如图 4-29 所示。

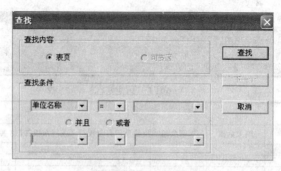

图 4-29 "查找"对话框

2）在"查找"对话框中，选择相应的查找条件后，单击"查找"按钮，系统会显示符合查找条件的财务报表。

3. 报表输出

会计报表的输出方式一般有屏幕显示输出、打印输出、网络传输与磁盘输出等。

（1）屏幕显示输出

屏幕显示输出主要是为用户检查报表的设置与编制是否正确。为了尽可能显示实质性的报表内容，一般不显示不是很必要的表格线。

（2）打印输出

为了方便用户打印出满意的报表，系统一般提供"打印设置"功能。用户在打印报表前，可通过该功能对打印内容进行相应设置，以满足企业的需要。通过打印输出的是按正规要求生成的正式报表。

（3）网络传输

网络传输是指通过网络将各种报表从一个工作站传递到另一个或几个工作站，只要报表使用者的计算机在此网络中，便可以在不同的计算机上查看报表。

（4）磁盘输出

磁盘输出是指将各种报表以文件的形式输出到磁盘上，报表使用者可以直接用磁盘内的报表进行汇总。

练习题答案4

练 习 题

一、单选题

1.（　　）把会计报表的种类、格式和编制方法固定在程序中，报表有变化，程序就需要随之修改。

    A．通用会计报表　　　　　　　　B．专用会计报表

C．电子报表系统　　　　　　　D．独立报表系统

2．（　　）下可以设计会计报表的格式。

A．数据状态　　B．打印状态　　C．格式状态　　　D．输出状态

3．用友畅捷通 T3 软件中，报表文件的扩展名为（　　）。

A．.doc　　　　B．.txt　　　　C．.rep　　　　　D．.pre

4．在各类财会报表中，每个数据都有明确的经济含义，并且数据间往往存在着某种对应关系，这种关系称为（　　）。

A．勾稽关系　　B．账户关系　　C．传递关系　　　D．等于关系

5．在"用友账务函数"中，总账期初余额用（　　）来表示。

A．QM　　　　B．FS　　　　C．QC　　　　　D．JE

二、多选题

1．目前的会计报表管理系统主要有（　　）。

A．简单报表系统　　　　　　　B．专用报表系统

C．电子报表系统　　　　　　　D．通用报表系统

2．按照报表结构的复杂程度，可将报表分为（　　）。

A．资产负债表　　B．简单报表　　C．复合报表　　D．利润表

3．会计报表的格式一般是由（　　）等要素组成。

A．表头　　　　B．标题　　　　C．表体　　　　D．表尾

4．属于报表关键字的有（　　）。

A．单位名称　　B．单位编号　　C．年　　　　　D．凭证编号

5．（　　）属于非计算公式。

A．舍位平衡公式　B．计算公式　　C．取数公式　　D．审核公式

三、判断题

1．会计报表管理系统为企业内部各管理部门及外部相关部门提供综合反映企业一定时期财务状况、经营成果和现金流量的会计信息。　　　　　　　　　　　（　　）

2．组合单元由相邻的 3 个以上的单元组成。　　　　　　　　　　　　　（　　）

3．资产负债表中"货币资金"项目的期末数，应通过 QM1001 这个公式表达。

（　　）

4．计算报表数据是在数据处理状态下进行的。　　　　　　　　　　　　（　　）

5．会计报表模板是参照国家会计制度编制的，会计人员不必对报表模板进行调整，就可以保证报表输出数据的正确性。　　　　　　　　　　　　　　　　　　（　　）

实训9 会计报表上机练习

实训要求

1）自定义报表的编制。
2）报表的新建与保存。
3）报表模板的调用。

实训准备

以"301 宁静"的身份登录用友畅捷通 T3 软件，密码为 1，日期为 2020 年 1 月 31 日，账套为 030，启动财务报表管理系统。

实训资料

1. 货币资金表的编制

1）设置报表尺寸为 7 行 5 列。

2）将 A1:E1 单元格及 A2:E2 单元格进行合并，表格主体 A3:E6 单元格进行区域画线。

3）输入表格中所有项目。

4）调整"货币资金表"这一行，将行高调整为 7；A 列列宽调整为 37；D 列列宽调整为 33。

5）标题"货币资金表"设置为黑体、18 号、水平垂直居中；表体中的字体均设置为宋体、12 号、垂直水平居中；"制表人"设置为黑体、10 号、水平右对齐、垂直居中。

6）设置"年""月""日"为关键字，设置偏移量分别为-210、-180、-150。

7）设置"库存现金""银行存款"期初数、本期借方发生额和期末数的公式。分析填列 C6、D6、E6 单元格公式。

8）将报表保存到 D 盘文件夹中，重命名为"货币资金表"。

9）输入关键字"2020 年 1 月 31 日"，生成报表数据。

10）追加行数 3 行。

报表编制结果如表 4-2 所示。

表 4-2 货币资金表

单位名称：		年　月　日		单位：元
项目	行次	期初数	本期借方发生额	期末数
库存现金	1			

续表

项目	行次	期初数	本期借方发生额	期末数
银行存款	2			
合计	3			

制表人：

2. 新建报表

新建一张报表，将其命名为"1 月资产负债表.rep"，保存到 D 盘文件夹中。

3. 调用模板

打开 D 盘文件夹中的"1 月资产负债表.rep"，调用一般企业（2007 年企业会计准则）模板，生成 2020 年 1 月 31 日的资产负债表。

4. 修改公式

修改"未分配利润"项目中"期末余额"单元格公式为原公式+QM("4103"，月)。

5. 追加表页

输入关键字"2020 年 1 月"，生成报表数据，追加一张新表页。将报表文件进行保存。

6. 新建利润表

新建利润表，生成报表数据后保存为"1 月利润表.rep"。

第5章 工资管理系统

✍ 学习目标

1. 了解工资管理系统的功能和特点。
2. 掌握工资管理系统的初始化设置。
3. 熟悉工资管理系统的日常业务。
4. 掌握各类工资账表的查询。
5. 了解工资管理系统的月末处理。

📝 案例导入

"发工资了！"宁静拿着财务科新发的银行卡激动不已，这不仅是她一个月辛勤工作获得的回报，还是她第一次领到自己的工资。孙经理走过来笑着对她说："宁静，上次你编制的报表，宏大公司很满意，特别是那份货币资金表。宏大公司的总经理说下次还请你编制其他的内部报表呢！"宁静说道："我也是一边学一边做，为了编好上次的表，我还加了几个晚班。""你加了晚班怎么不和我说呢？这个加班费是要计入你上个月的工资的。"孙经理说道，"看来你还要了解一下工资的计算，正好这几天我要做一个公司的工资核算，你来帮忙，好好学习一下员工工资是怎么计算的"。宁静爽快地答应了。

宁静现在需要解决的问题：如何进行工资系统的建账工作？如何设置工资项目和工资的计算公式？职工的工资怎么自动计算？工资系统的记账凭证是如何生成的？

5.1 工资管理系统概述

5.1.1 工资的概念

工资是企业根据劳动者工作的数量和质量支付给劳动者个人的劳动报酬。它是企业对职工个人的一种负债，是企业使用职工的知识、技能、时间和精力而给予职工个人的一种补偿（报酬）。

5.1.2　工资管理系统的功能和特点

1．工资管理系统的功能

从总体上看，工资管理系统的功能分为 3 个部分。

1）工资管理系统的初始化功能。

2）工资管理系统的日常核算功能。

3）工资管理系统的数据维护功能。

2．工资管理系统的特点

1）政策性强，要求严格。

2）及时性、准确性要求高。

3）工资计算重复性强、数据量大。

5.2　工资管理系统初始化设置

为了便于计算机自动处理数据，在工资管理系统启用之前，需要设置工资账套基本信息、业务参数和基本核算规则，如部门、人员类别、工资项目、计算公式、个人所得税的设置等。这就是工资管理系统初始化设置的主要内容。

5.2.1　建立工资账套

本单位核算账套建立完成后，以"账套主管"的身份注册进入企业应用平台，启用工资管理系统。工资管理系统启用后，具有相应权限的操作员就可以登录本系统。如果是初次进入，系统将自动启动建账向导。系统提供的建账向导分为 4 个步骤，即参数设置、扣税设置、扣零设置和人员编码。

操作过程如下：

1）在用友畅捷通 T3 软件的主界面，单击左侧导航条的"工资管理"栏，进入工资管理系统。首次登录工资管理系统，系统会自动打开"建立工资套"对话框。

2）选择本账套所需的"单个"工资类别方案，选择工资账套的核算币别为"人民币 RMB"，如图 5-1 所示。

3）单击"下一步"按钮，勾选"是否从工资中代扣个人所得税"复选框，如图 5-2 所示。

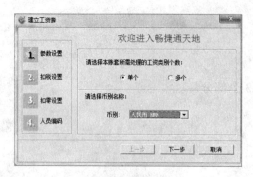

图 5-1 工资类别和币别设置

图 5-2 代扣个人所得税设置

4）设置完毕后，单击"下一步"按钮，根据需要确定是否勾选"扣零"复选框，如图 5-3 所示。

5）设置完成后，单击"下一步"按钮，设置人员编码长度和启用日期，如图 5-4 所示。

图 5-3 扣零设置

图 5-4 人员编码长度与启用日期设置

6）单击"完成"按钮，结束建立工资账套的过程；单击"取消"按钮，则放弃本次建账，退出工资管理系统。

5.2.2 工资管理系统的基础设置

建立工资账套后，要对整个系统运行所需要的一些基础信息进行设置，包括人员类别设置、银行名称设置、工资项目设置、人员档案设置和计算公式设置等。

1. 人员类别设置

人员类别就是按照某种特定分类方式将企业所有人员分为若干类型。不同类型人员的工资水平可能不同，计算工资费用时要根据不同的人员类型进行财务核算，计算成本费用时也要根据不同的人员类型进行工资费用的分配、分摊。因此，对人员进行分类有助于实现工资的多级管理，为企业提供不同类别人员的工资信息。

操作过程如下：

1）执行菜单栏"工资"→"设置"→"人员类别设置"命令，如图 5-5 所示。

2）在"类别设置"对话框中，输入需要增加的人员类别，单击"增加"按钮，如图 5-6 所示。

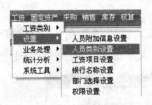

图 5-5 工资设置菜单

图 5-6 人员类别设置

3）输入完毕后，单击"返回"按钮完成人员类别设置。

2. 银行名称设置

当企业采用银行代发工资的形式时，用户就需要确定银行名称及账号长度。发放工资的银行可按需要设置多个。例如，同一工资类别中的人员在不同的工作地点，就需要由不同的银行代发工资；或者不同工资类别人员的工资由不同的银行代发，均需设置相应的银行档案。

操作过程如下：

1）执行菜单栏 "工资"→"设置"→"银行名称设置"命令，打开"银行名称设置"对话框，如图 5-7 所示。

2）单击"增加"按钮，在"银行名称"后的文本框中输入银行名称，勾选"账号定长"复选框，设置账号长度，如图 5-8 所示。

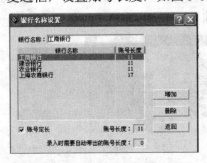

图 5-7 "银行名称设置"对话框

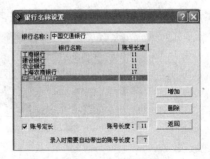

图 5-8 增加银行名称

3）单击"返回"按钮，将此设置保存。

3. 工资项目设置

工资数据最终由各个工资项目体现。工资项目设置定义了工资核算所涉及的项目名称、类型、宽度等。工资管理系统中提供了一些固定的工资项目，它们是计算工资时不可缺少的项目。其内容主要包括应发合计和实发合计。若选择"扣税处理"项目，则系统会在工资项目中自动生成"代扣税"项目，这些项目不能删除和重命名。其他项目可根据实际情况定义或参照增加，如基本工资、岗位工资、奖金等。

操作过程如下：

1）执行菜单栏"工资"→"设置"→"工资项目设置"命令，打开"工资项目设置"对话框，如图 5-9 所示，"工资项目名称"列表中显示系统提供的固定工资项目。

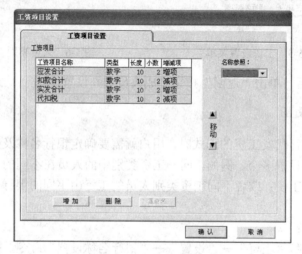

图 5-9 "工资项目设置"对话框

2）单击"增加"按钮，在"工资项目名称"列表中增加一个空行。

3）输入工资项目名称或从"名称参照"下拉列表框中选择系统提供的常用工资项目；依次选择"类型""长度""小数""增减项"，如图 5-10 所示。

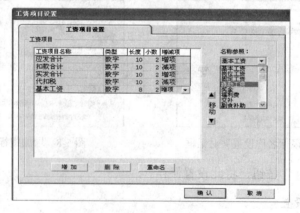

图 5-10 增加工资项目

4）单击"确认"按钮则保存设置，单击"取消"按钮则放弃设置。

4．人员档案设置

人员档案设置可用于登记工资发放人员的姓名、职工编号、所在部门、人员类别等信息，也可用于管理员工的增减变动等情况。在人员档案设置功能中，可进行人员档案的增加、修改、删除、替换、定位等处理。

操作过程如下：

1）执行菜单栏"工资"→"设置"→"人员档案"命令，打开"人员档案"窗口，如图 5-11 所示。

文件　基础设置　总账　往来　现金　出纳　项目　工资　固定资产　采购　销售　库存　核算　窗口　帮助

打印　预览　输出　导入　导出　增加　批增　修改　删除　替换　筛选　定位　帮助　退出

人 员 档 案

总人数：12

部门名称	人员编号	人员姓名	人员类别	账号	中方人员	是否计税	工资停发	进入日期	手机号
行政部	101	龙腾	公司管理	10192008301	是	是	否	2011-10-18	
行政部	102	王勇涛	公司管理	10192008302	是	是	否	2011-10-18	
财务部	201	李明远	公司管理	10192008303	是	是	否	2012-03-15	
人事部	301	段淳风	公司管理	10192008304	是	是	否	2011-10-18	
生产部	401	张宝权	生产管理	10192008305	是	是	否	2011-11-09	
生产部	402	李劝学	衬衣生产	10192008306	是	是	否	2013-11-15	
生产部	403	秦学明	羊绒衫生产	10192008307	是	是	否	2018-01-05	
供应部	501	何晓天	公司管理	10192008308	是	是	否	2014-10-19	
供应部	502	姜雨	公司管理	10192008313	是	是	否	2015-08-09	
销售部	601	万丁玲	销售人员	10192008309	是	是	否	2012-04-30	
销售部	602	童雅	销售人员	10192008310	是	是	否	2015-06-17	
仓储部	701	周洲	公司管理	10192008311	是	是	否	2016-08-06	

图 5-11　"人员档案"窗口

2）单击"增加"按钮，打开"人员档案"对话框，如图 5-12 所示。

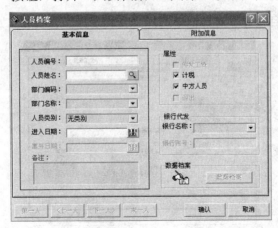

图 5-12　"人员档案"对话框

3）依次输入人员编号、人员姓名、部门编码、部门名称，单击选择"人员类别"下拉列表框中的选项，在"银行代发"下的"银行名称"和"银行账号"的下拉列表框中选择相应的银行名称与银行账号，如图5-13所示。

图5-13　职员基本信息的增加

4）单击"确认"按钮，系统会打开"写入该人员档案信息吗？"信息提示对话框，如图5-14所示。

图5-14　写入人员档案信息提示

5）单击"确定"按钮，继续输入"人员档案"中的信息。

5．计算公式设置

设置计算公式即定义工资项目之间的运算关系，计算公式设置的正确与否关系到工资核算最终结果的正确与否。定义公式可通过选择工资项目、运算符、关系符、函数等组合完成。

操作过程如下：

1）在"工资项目设置"对话框中选择"公式设置"选项卡，如图5-15所示。

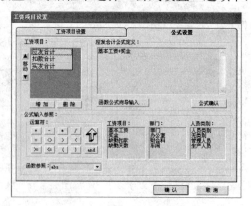

图5-15　"公式设置"选项卡

96

2）单击"增加"按钮，从"工资项目"列表框中选择"缺勤扣款"选项。

3）选择"工资项目"中的"基本工资"选项，在"运算符"区域单击"/"按钮，继续输入"30"，在"运算符"区域单击"*"按钮，选择"工资项目"中的"缺勤天数"选项，如图 5-16 所示。

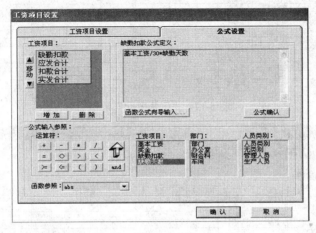

图 5-16　"缺勤扣款"的设置

4）单击"公式确认"按钮，以此方法继续设置其他项目的计算公式。

5）单击"确定"按钮，保存公式设置内容。

5.3　工资管理系统日常处理

5.3.1　工资变动管理

第一次使用工资系统时，必须将所有人员的基本工资数据输入计算机，每月发生的工资数据变动也在此进行调整，如缺勤情况的输入、奖金的输入等。工资变动处理之前，需要事先设置好工资项目及计算公式。

1. 录入工资数据

操作过程如下：

1）在"工资管理"系统中单击"工资变动"图标，打开"工资变动"窗口，如图 5-17 所示。

2）依次输入各项工资数据，计算所有的工资数据，如图 5-18 所示。

人员编号	姓名	部门	人员类别	其他代发款合计	基本工资	岗位工资	加班工资	奖金	生活补贴	交通补助
101	龙腾	行政部	公司管理							
102	王勇涛	行政部	公司管理							
201	李明远	财务部	公司管理							
301	段淳风	人事部	公司管理							
401	张宝权	生产部	生产管理							
402	李劝学	生产部	衬衣生产							
403	秦学明	生产部	羊绒衫生产							
501	何晓天	供应部	公司管理							
502	姜雨	供应部	公司管理							
601	万丁玲	销售部	销售人员							
602	童雅	销售部	销售人员							
701	周洲	仓储部	公司管理							

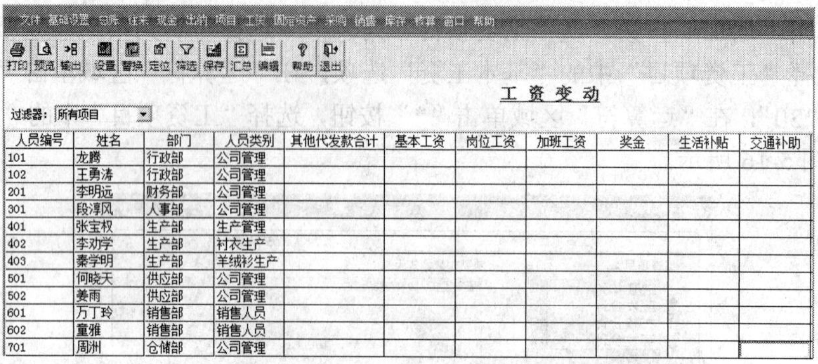

图 5-17 “工资变动”窗口

人员编号	姓名	部门	人员类别	其他代发款合计	基本工资	岗位工资	加班工资	奖金	生活补贴	交通补助
101	龙腾	行政部	公司管理		6,525.00	1,000.00		600.00	1,305.00	200.00
102	王勇涛	行政部	公司管理		6,100.00	900.00	100.00	800.00	1,220.00	200.00
201	李明远	财务部	公司管理		5,700.00	700.00	200.00	700.00	1,140.00	100.00
301	段淳风	人事部	公司管理		5,655.00	800.00		200.00	1,131.00	100.00
401	张宝权	生产部	生产管理		5,500.00	900.00	150.00	800.00	1,100.00	100.00
402	李劝学	生产部	衬衣生产		3,600.00	500.00	300.00	300.00	720.00	100.00
403	秦学明	生产部	羊绒衫生产		2,700.00	400.00		100.00	540.00	100.00
501	何晓天	供应部	公司管理		5,220.00	800.00		600.00	1,044.00	100.00
502	姜雨	供应部	公司管理		3,830.00	500.00		500.00	766.00	100.00
601	万丁玲	销售部	销售人员		5,200.00	800.00	100.00	600.00	1,040.00	200.00
602	童雅	销售部	销售人员		4,600.00	600.00	200.00	800.00	920.00	200.00
701	周洲	仓储部	公司管理		4,785.00	600.00		200.00	957.00	100.00

图 5-18 输入工资数据

2. 替换

数据替换是指将符合条件人员的某个工资项目的数据，统一替换成某个数据。

操作过程如下：

1）在“工资变动”窗口中单击“数据替换”图标，打开“工资项数据替换”对话框，如图 5-19 所示。

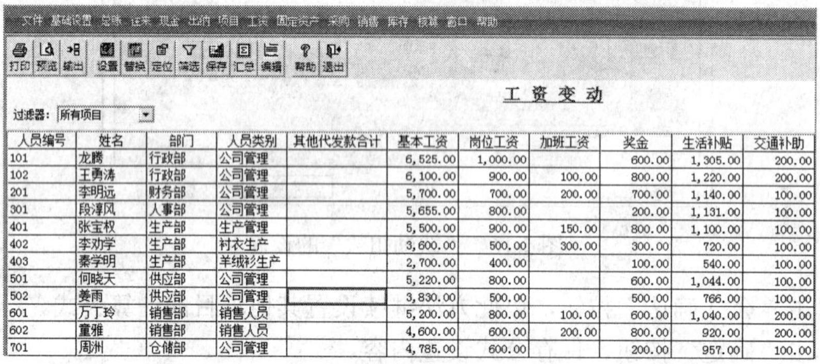

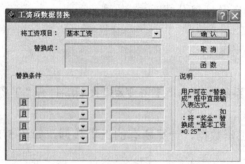

图 5-19 “工资项数据替换”对话框

2）在"将工资项目"下拉框中选择要替换的工资项目，单击"确认"按钮，打开"工资项数据替换"对话框，在"替换成"文本框中输入替换结果，替换条件也要进行相应的设置，如图 5-20 所示。

3）单击"确认"按钮，系统会打开"2 条记录被替换，是否重新计算？"信息提示对话框，单击"是"按钮，如图 5-21 所示。

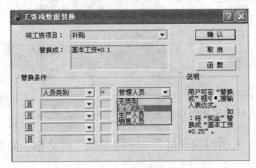

图 5-20　工资项目数据替换条件

图 5-21　数据替换系统提示

3．计算汇总

在修改某些数据，重新设置计算公式，进行数据替换或在个人所得税中执行自动扣税等操作时，必须使用"重新计算"和"汇总"功能对个人工资数据重新计算，以保证数据正确。

5.3.2　扣缴所得税

个人所得税是根据《中华人民共和国个人所得税法》对个人的所得征收的一种税。手工情况下，每个月月末财务部门都要对超过扣除基数金额的部分进行计算纳税申报，系统提供申报只对工资薪金所得征收个人所得税。

操作过程如下：

1）在"工资管理"主窗口，单击"扣缴个人所得税"图标，打开"栏目选择"对话框，如图 5-22 所示。

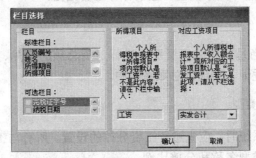

图 5-22　"栏目选择"对话框

2）单击"确认"按钮，打开"个人所得税扣缴申报表"窗口，如图 5-23 所示。

图 5-23　"个人所得税扣缴申报表"窗口

3）单击"税率"图形按钮，打开"个人所得税申报表——税率表"对话框，如图 5-24 所示。

图 5-24　"个人所得税申报表——税率表"对话框

4）在"基数"栏输入个人所得税扣税基数。

5）单击"确认"按钮，返回"个人所得税扣缴申报表"窗口，单击"退出"按钮。

6）单击"工资变动"图形按钮，打开"工资变动"对话框。

7）单击"重新计算"图形按钮，重新计算工资数据。

5.3.3　工资分摊

工资分摊是指对当月发生的工资费用进行工资总额的计算、分配及各种经费的计提，并制作自动转账凭证，传递到总账系统中。

1. 设置工资分摊类型

在初次使用工资系统时，应先进行工资分摊的设置。所有与工资相关的费用及基金均需建立相应的分摊类型名称和分摊比例。

操作过程如下：

1）在"工资管理"窗口中单击"工资分摊"图标，打开"工资分摊"对话框，如图 5-25 所示。

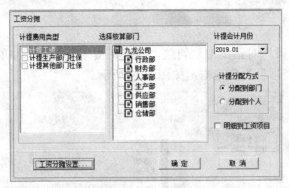

图 5-25　"工资分摊"对话框

2）单击"工资分摊设置"按钮，打开"分摊类型设置"对话框，如图 5-26 所示。

3）单击"增加"按钮，打开"分摊计提比例设置"对话框。

4）在"计提类型名称"文本框中输入计提类型名称，如图 5-27 所示。

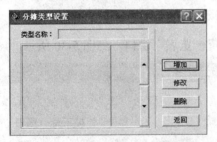
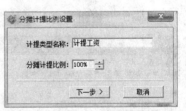

图 5-26　"分摊类型设置"对话框　　　　图 5-27　分摊计提比例设置

5）单击"下一步"按钮，打开"分摊构成设置"对话框，分别选择分摊构成的各个项目内容，如图 5-28 所示。

图 5-28　"分摊构成设置"对话框

6）单击"完成"按钮，返回"分摊类型设置"对话框。

7）单击"返回"按钮。

2. 生成工资分摊的转账凭证

操作过程如下：

1）在"工资分摊"对话框中，勾选"计提工资"复选框，并单击选中各个部门，再勾选"明细到工资项目"复选框，如图 5-29 所示。

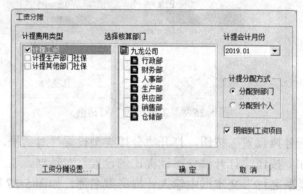

图 5-29　工资分摊具体设置

2）单击"确定"按钮，打开"计提工资一览表"窗口，如图 5-30 所示。

文件　基础设置　总账　往来　现金　出纳　项目　工资　固定资产　采购　销售　库存　核算　窗口　帮助

打印　预览　输出　重选　制单　批制　帮助　退出

计提工资一览表

☑ 合并科目相同、辅助项相同的分录

类型：计提工资

部门名称	人员类别	应付工资		
		分配金额	借方科目	贷方科目
行政部		18770.00	660201	221101
财务部	公司管理	8540.00	660201	221101
人事部		5806.00	660201	221101
	生产管理	8550.00	5101	221101
生产部	衬衣生产	5520.00	500102	221101
	羊绒衫生产	3840.00	500102	221101
供应部	公司管理	13220.00	660201	221101
销售部	销售人员	15260.00	6601	221101
仓储部	公司管理	6312.00	660201	221101

图 5-30　"计提工资一览表"窗口

3）勾选"合并科目相同、辅助项相同的分录"复选框，单击"制单"按钮，生成记账凭证，如图 5-31 所示，单击"保存"按钮。

4）单击"退出"按钮，返回"计提工资一览表"窗口。

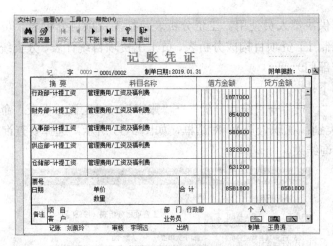

图 5-31　计提工资的记账凭证

5.4　账表查询与月末处理

5.4.1　工资数据查询与输出

1. 工资表

工资表用于本月工资的发放与统计。在用友畅捷通 T3 软件中，该功能主要是完成各种工资表的查询与打印工作，包括工资发放签名表、工资发放条、工资卡、部门工资汇总表、人员类别汇总表、条件汇总表、条件统计表、条件明细表和工资变动明细表。

操作过程如下：

执行菜单栏"工资"→"统计分析"→"账表"→"工资表"命令，打开"工资表-（工资类别：在职人员）"对话框，如图 5-32 所示，选择要查询的工资表，可得到需要的查询结果。

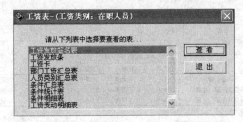

图 5-32　"工资表-（工资类别：在职人员）"对话框

2. 工资分析表

工资分析表以工资数据为基础，对部门、人员类别的工资数据进行比较和分析，产生各种分析表，供决策人员使用。工资分析表包括工资项目分析表、员工工资汇总表、工资增长情况、部门工资项目构成分析表、员工工资项目统计表、分类统计表（按项目）、分类统计表（按部门）等。

操作过程如下：

执行菜单栏"工资"→"统计分析"→"账表"→"工资分析表"命令，打开"工资分析表-（工资类别：在职人员）"对话框，如图 5-33 所示，选择要查询的工资分析表，可得到需要的查询结果。

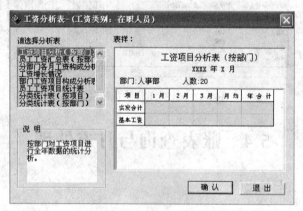

图 5-33　"工资分析表-（工资类别：在职人员）"对话框

3. 凭证查询

工资核算的结果是以转账凭证的形式传输到总账系统中的。用户在总账系统中可以进行查询、审核与记账工作，但不能修改和删除。工资管理系统中的凭证查询功能可以对工资系统中所生成的凭证进行删除或冲销。

操作过程如下：

1）执行菜单栏"工资"→"统计分析"→"凭证查询"命令，打开"凭证查询"对话框，如图 5-34 所示。

业务日期	业务类型	业务号	制单人	凭证日期	凭证号	标志
2019-01-01	计提工资	1	王勇涛	2019-01-31	记-9	记账
2019-01-01	计提生产部门社保	2	王勇涛	2019-01-31	记-10	记账
2019-01-01	计提其他部门社保	3	王勇涛	2019-01-31	记-11	记账

图 5-34　"凭证查询"对话框

2）选择一张凭证，单击"删除"按钮可以删除未审核的凭证，单击"冲销"按钮可以冲销已记账的凭证。

3）单击"凭证"按钮可以查看选中的记账凭证，单击"单据"按钮可以显示相应的原始凭证。

5.4.2　月末处理

月末处理是指将当月数据经过处理后结转至下月。每月工资数据处理完毕后均可进行月末结转。在工资项目中，有的项目是变动的，即每月的数据均不相同，因此在每月工资处理时，均须将其数据清为 0，然后输入当月的数据，此类项目即为"清零"项目。

操作过程如下：

1）执行菜单栏"工资"→"业务处理"→"月末处理"命令，打开"月末处理"对话框，如图 5-35 所示。

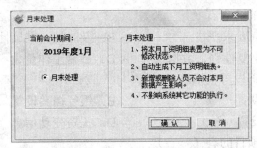

图 5-35　"月末处理"对话框

2）单击"确认"按钮，系统会打开"月末处理之后，本月工资将不许变动！继续月末处理吗？"信息提示对话框，如图 5-36 所示。

3）单击"是"按钮，系统会打开"是否选择清零项？"信息提示对话框，如图 5-37 所示。

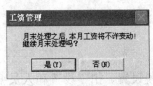

图 5-36　月末处理提示

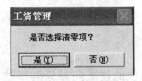

图 5-37　清零提示

4）如果没有清零项目，单击"否"按钮，系统提示"月末处理完毕！"。

练 习 题

一、单选题

练习题答案 5

1. 工资是企业根据劳动者工作的数量和质量支付给劳动者个人的（　　　）。

A. 奖金　　　　　B. 补贴　　　　　C. 劳动报酬　　　　D. 加班费

2. 在建立工资账套之前，必须在系统管理中建立本单位（　　）。

    A. 现金制度   B. 银行账表   C. 核算账套   D. 凭证资料

3. 扣税设置是指在工资计算过程中是否代职工从工资中扣缴（　　）。

    A. 企业所得税   B. 个人所得税   C. 应交增值税   D. 应交印花税

4. 设置计算公式即定义工资项目之间的（　　）。

    A. 相加关系   B. 运算关系   C. 相减关系   D. 相除关系

5. 在（　　）中输入基本工资、奖金、缺勤天数等工资数据。

    A. 工资变动   B. 人员档案   C. 工资项目   D. 银行代发

二、多选题

1. 工资管理系统的特点有（　　）。

    A. 政策性强、要求严格   B. 及时性、准确性要求高

    C. 工资计算重复性强、数据量大   D. 日常工作量大

2. 工资系统的基础设置包括（　　）。

    A. 人员类别设置   B. 银行档案设置

    C. 工资项目设置   D. 工资变动信息

3. 下列属于工资项目的有（　　）。

    A. 基本工资   B. 会计科目   C. 奖金   D. 补贴

4. 工资分摊是指对当月发生的工资费用进行（　　）。

    A. 工资总额的计算、分配   B. 各种经费的计提

    C. 制作自动转账凭证   D. 传递到总账中

5. （　　）属于工资分析表的范畴。

    A. 分类统计表   B. 工资发放条   C. 条件统计表   D. 工资增长分析

三、判断题

1. 系统提供的建账向导分为参数设置、扣税设置、扣零设置和人员编码 4 个步骤。

                                        （　　）

2. 人员编码设置就是按照某种特定分类方式将企业的人员分为若干类型。

                                        （　　）

3. 当企业发放工资采用现金发放时，需要确定银行的名称及账号的长度。

                                        （　　）

4. 工资项目名称必须唯一，系统提供的固定工资项目不能修改、删除。（　　）

5. 在初次使用工资系统时，应先进行工资分摊的设置。所有与工资相关的费用及基金均需建立相应的分摊类型名称及分摊比例。   （　　）

实训 10　工资管理系统上机练习

实训要求

1）新建工资账套。

2）工资账套基础设置。

3）工资管理系统的日常核算。

4）账表查询。

实训准备

引入账套号为"234"的练习账套，以"001"的身份登录用友畅捷通 T3 软件，时间为 2020 年 1 月 1 日，进入工资管理系统。

实训资料

1. 建立工资账套

工资类别个数：单个；核算币种：人民币；要求代扣个人所得税；不进行扣零处理；人员编码长度：3 位；启用日期：2020 年 1 月 1 日；预置工资项目。

2. 基础信息设置

1）人员类别设置：企业管理人员、车间管理人员、生产工人。

2）银行名称增加：中国银行朝阳分行；账号长度：11。

3）人员档案信息设置（银行均为中国银行朝阳分行）：人员档案信息如表 5-1 所示。

表 5-1　人员档案信息

编号	名称	所属部门	人员类别	账号
101	张清	办公室	企业管理人员	20180101101
102	王芳	财会科	企业管理人员	20180101102
201	刘通	车间	生产工人	20180101201
202	李勇	车间	车间管理人员	20180101202

4）工资项目信息设置：工资项目信息如表 5-2 所示。

表 5-2 工资项目信息

项目名称	类型	长度	小数位数	增减项
基本工资	数字	8	2	增项
奖金	数字	8	2	增项
津贴	数字	8	2	增项
请假天数	数字	8	0	其他

5）计算公式设置：①缺勤扣款合计=请假天数×50；②应发合计=基本工资+奖金+津贴；③社保及公积金扣款合计=应发合计×0.1。

3. 工资变动数据

（1）日常工资数据

日常工资数据信息如表 5-3 所示。

表 5-3 日常工资数据信息　　　　　　　　　　　　　　单位：元

姓名	部门	基本工资	奖金	津贴
张清	办公室	4 600	900	1 800
王芳	财会科	3 700	800	1 500
刘通	车间	2 800	700	1 000
李勇	车间	4 200	800	1 600

（2）其他工资变动数据

1）张清请假 4 天，刘通请假 2 天。

2）本月超额完成生产任务，生产人员增加奖金 300 元（数据替换）。

4. 个人所得税基数金额设置

进入"扣缴个人所得税"对话框，将代扣个人所得税基数金额改为"5 000 元"。

5. 工资费用分配（工资分摊）

计提类型名称：计提工资；分摊计提比例：100%。
各部门人员工资费用分配信息如表 5-4 所示。

108

表 5-4　各部门人员工资费用分配信息

部门	类别	项目：应付工资	
		借方	贷方
办公室、财会科	企业管理人员	管理费用——工资	应付职工薪酬
车间	车间管理人员	制造费用	应付职工薪酬
车间	生产工人	生产成本	应付职工薪酬

6. 编制凭证

编制工资费用分配的记账凭证，时间为 2020 年 1 月 31 日。

7. 查询

1）查询财会科的工资发放签名表。
2）查询所有部门的部门工资汇总表。
3）查询办公室应发合计、实发合计的部门工资项目构成分析表。
4）查询车间（含全部项目）的分类统计表（按部门）。

第 6 章　固定资产管理系统

学习目标

1. 了解固定资产管理系统的功能和特点。
2. 掌握固定资产管理系统的初始化设置。
3. 熟悉固定资产管理系统的日常业务。
4. 掌握各类固定资产账表的查询。
5. 了解固定资产管理系统的月末处理。

案例导入

"孙经理在办公室吗？"宁静问刚从经理室那边过来的赵刚。赵刚是业务一部的老员工，他开玩笑地说："在也等于没在。"宁静有些着急，说："您别开玩笑了，我把上次的几份工资表打印出来了，要交给她。"赵刚甩甩手说："交给我吧，孙经理正在整理资料，等下就要去机场，公司要她到外地审计一个项目，她说上次的工资核算工作你完成得很好，这段时间要我指导一下你。"宁静笑着说："那我要拜您为师了。"赵刚一本正经地说："那倒不必，在会计电算化方面，我比较熟悉的是固定资产管理系统，就带你熟悉一下固定资产核算吧。""好。"宁静愉快地答道。

宁静接下来要解决的问题：固定资产管理系统有哪些功能特点？如何进行固定资产的初始化设置？该如何处理固定资产的增加、减少及变动？怎么计提固定资产折旧？

6.1　固定资产管理系统概述

固定资产管理系统是一套用于企事业单位进行固定资产核算和管理的软件。在用友畅捷通 T3 软件中，该系统主要面向中小企业，帮助企业财务部门进行固定资产总值、累计折旧数据的动态管理，为总账系统提供相关凭证，协助企业进行成本核算，同时还为设备管理部门提供各项固定资产的管理指标。

6.1.1 固定资产的概念与特征

1. 固定资产的概念

固定资产是指企业为生产商品、提供劳务、出租或经营管理而持有的，使用时间超过一个会计年度的有形资产，如工厂的生产设备、运输用车辆、生产用或办公用房屋等。

2. 固定资产的特征

从固定资产的概念来看，企业符合固定资产条件的资产应具有两个特征。

1）为生产商品、提供劳务、出租或经营管理而持有。例如，汽车生产厂家中，用于企业内部运输使用的汽车属于固定资产，而生产出来用于销售的汽车就属于存货中的库存商品，不属于固定资产。

2）使用时间超过一个会计年度。使用时间是指企业使用该项资产的预计时间，或该项资产能提供的商品和劳务的数量。企业资产中能列入固定资产范畴的使用时间必须超过一个会计年度。

6.1.2 固定资产管理系统的功能和特点

1. 固定资产管理系统的功能

固定资产管理系统的功能具体包括以下几个方面。

1）管理固定资产的增减变动情况。

2）管理固定资产卡片。

3）计提折旧、计算固定资产净值。

2. 固定资产管理系统的特点

固定资产价值高，使用期限长，平时增减变动较少，所以一般企业都很注重对本企业固定资产的强化管理，主要采用卡片形式对固定资产进行明细核算。通过固定资产卡片，可详细记录每一项固定资产的编号、规格、资产名称，以及使用部门、使用情况、原值、累计折旧等诸多方面的信息。采用会计电算化以后，企业仍然延续固定资产卡片的核算形式，因此固定资产管理系统相对于其他系统，具有以下 3 个特点。

1）数据存储量大。

2）日常数据输入量少。

3）输出内容多。

6.2 固定资产管理系统初始化设置

固定资产管理系统初始化，就是把一个通用的商品化固定资产软件，变成一个符合单位固定资产核算与管理要求的专用固定资产管理系统的过程。

6.2.1 建立固定资产账套

第一次进入固定资产管理系统时，系统会提示用户建立固定资产的账套，并输入企业固定资产核算需要的参数，包括固定资产折旧方法、启用月份、编码方式等。

操作过程如下：

1）在用友畅捷通 T3 软件主界面单击左侧导航条的"固定资产"选项，系统会打开"这是第一次打开此账套，还未进行过初始化，是否进行初始化？"信息提示对话框，如图 6-1 所示。

图 6-1 固定资产管理系统初始化提示

2）单击"是"按钮，进入向导 1 约定及说明，如图 6-2 所示。

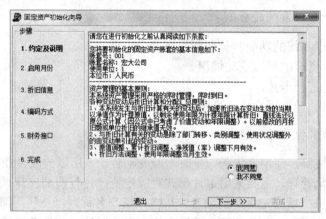

图 6-2 固定资产初始化向导 1

3）点选"我同意"单选按钮，单击"下一步"按钮，进入向导 2 启用月份，如图 6-3 所示。

4）选择账套启用月份后，单击"下一步"按钮，进入向导 3 折旧信息，如图 6-4 所示。

5）选择企业采用的主要折旧方法后（系统已预设平均年限法、工作量法、年数总和法、双倍余额递减法等折旧方法），单击"下一步"按钮，进入向导 4 编码方式，如图 6-5 所示。

6）选择固定资产的编码方式，单击"下一步"按钮，进入向导 5 财务接口，如图 6-6 所示。

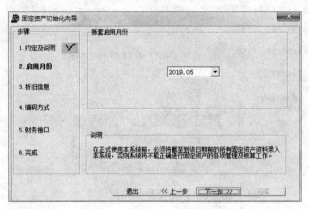

图 6-3　固定资产初始化向导 2

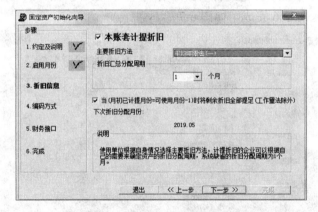

图 6-4　固定资产初始化向导 3

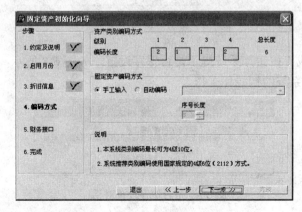

图 6-5　固定资产初始化向导 4

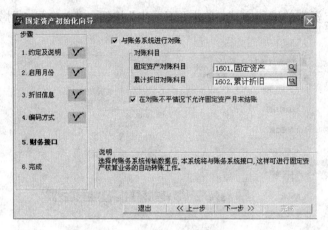

图 6-6　固定资产初始化向导 5

7）单击右侧"参照"按钮选择"固定资产"和"累计折旧"的对账科目，单击"下一步"按钮，进入向导 6 完成，如图 6-7 所示。

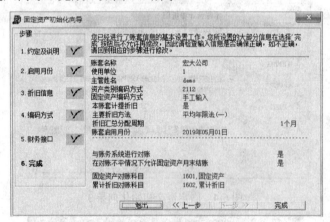

图 6-7　固定资产初始化向导 6

8）单击"完成"按钮，系统提示是否保存设置，如图 6-8 所示，单击"是"按钮，完成固定资产管理系统的初始化工作。

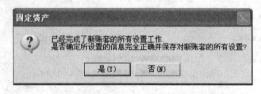

图 6-8　是否保存设置对话框

6.2.2　固定资产管理系统基础设置

用户在启用固定资产管理系统进行业务处理之前，必须对固定资产管理系统进行设置，这些设置是使用固定资产管理系统进行企业固定资产核算和管理的基础，所以称为基础设置。

1. 选项设置

选项设置中包括账套初始化中设置的一些参数及固定资产管理系统在日常处理中需要设定的一些选项。

操作过程如下：

1）执行菜单栏"固定资产"→"设置"→"选项"命令，如图 6-9 所示。

2）在打开的"选项"对话框中，有"与账务系统接口""基本信息""折旧信息""其他" 4 个选项卡。以"与财务系统接口"选项卡为例，如图 6-10 所示，"固定资产"与"累计折旧"缺少的入账科目可参照企业实际情况输入，单击"确定"按钮，这样，在以后固定资产凭证处理中系统将自动填制该会计科目。

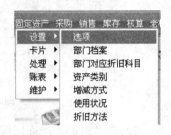

图 6-9　"固定资产"下拉菜单

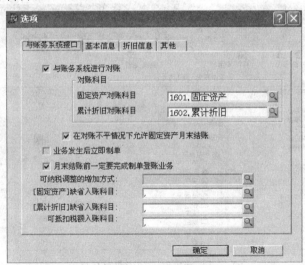

图 6-10　固定资产选项设置

2. 部门对应折旧科目设置

固定资产计提折旧后，必须根据固定资产的具体情况按部门或类别归集，并记入有关成本和费用账户。某一部门所属的固定资产折旧费用一般归集到某个固定的会计科目，如车间固定资产折旧费用通常记入"制造费用"账户，所以部门对应折旧科目的设置就是给使用固定资产的每个部门选定一个折旧科目。

操作过程如下：

1）执行菜单栏"固定资产"→"设置"→"部门对应折旧科目"命令，打开"部门对应折旧科目"设置窗口，如图6-11所示。

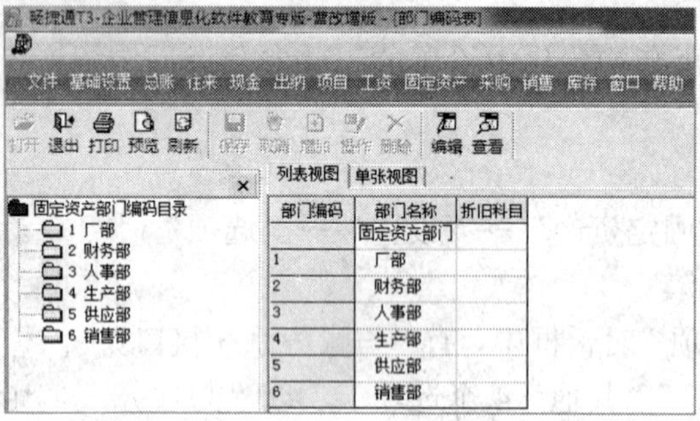

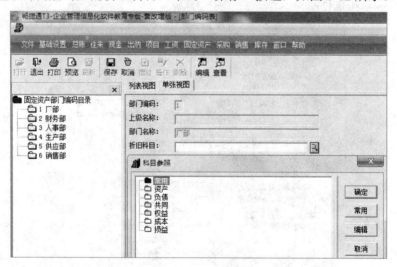

图6-11　"部门对应折旧科目"设置窗口

2）在"固定资产部门编码目录"列表中选择要设置折旧科目的部门，单击"操作"按钮，设置该部门所对应的折旧科目，单击"保存"按钮，如图6-12所示。

图6-12　部门对应折旧科目的输入

3. 资产类别设置

固定资产种类繁多，规格不一，要强化固定资产管理，就必须建立科学的固定资产分类体系。该体系可为核算和统计管理提供依据，并及时准确地做好固定资产的核算工作。企业可以根据自身的特点和管理要求，确定一个比较合理的资产分类方法。

操作过程如下：

1）执行菜单栏"固定资产"→"设置"→"资产类别设置"命令，打开资产类别设置窗口，如图 6-13 所示。

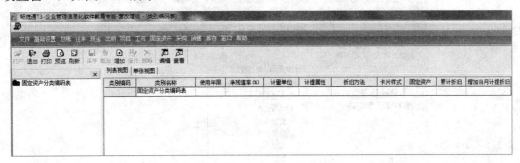

图 6-13　资产类别设置窗口

2）单击"增加"按钮，可增加固定资产类别，依次输入其他资料后，单击"保存"按钮，如图 6-14 所示。

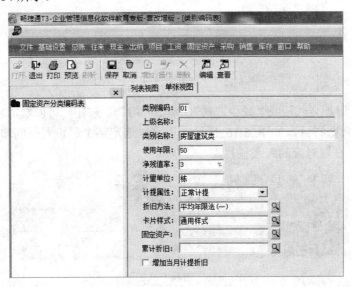

图 6-14　固定资产类别的增加

4. 增减方式的设置

固定资产的增减方式包括增加方式和减少方式两大类。固定资产增减方式的设置是用来确定资产计价方式与固定资产会计处理方法，也是便于进行固定资产增减汇总的处理。

操作过程如下：

1）执行菜单栏"固定资产"→"设置"→"增减方式"命令，打开"增减方式"设置窗口，如图 6-15 所示。

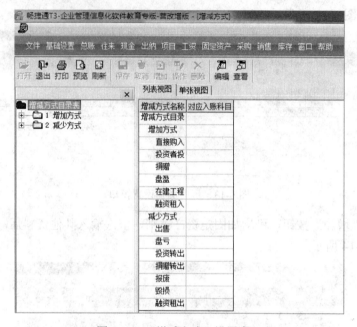

图 6-15 "增减方式"设置窗口

2）选择"增加方式"或"减少方式"，单击"增加"按钮，可以增加新的增减方式，并输入对应的入账科目，如图 6-16 所示。也可以选定某个已设置好的增减方式，单击"操作"按钮，设置对应的入账科目。

图 6-16 增减方式的新增

5. 输入原始卡片

原始卡片是指卡片所记录资产的开始使用日期在录入系统之前，已使用过并已计提折旧的固定资产卡片。例如，固定资产管理系统的启用日期为 2020 年 1 月 1 日，在此之前购入的固定资产都要通过固定资产原始卡片进行输入。用户在使用固定资产管理系统进行核算前，必须将原始卡片资料录入系统，保持历史资料的连续性。

操作过程如下：

1）在"固定资产管理"主界面，单击"原始卡片录入"图标，打开"资产类别参照"对话框，如图 6-17 所示。

2）选择要输入的固定资产的类别，单击"确认"按钮，打开"固定资产卡片"窗口，如图 6-18 所示。

3）将固定资产的信息依次输入固定资产卡片中，其中固定资产编号、固定资产名称、部门名称、增加方式、使用状况、开始使用日期、原值等项目为必填项目。部门名称、增加方式、使用状况等项目都可以单击左边的按钮，选择相应的名称、方式等，单击"确认"按钮，打开"增减方式参照"对话框，如图 6-19 所示。

图 6-17　"资产类别参照"对话框

图 6-18　"固定资产卡片"窗口

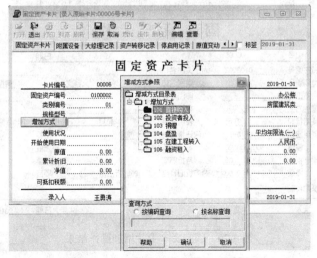

图 6-19　"增减方式参照"对话框

4）固定资产卡片的内容输入完毕后，根据实际情况可以输入附属设备及其他变动情况。

5）全部内容输入完毕后，单击"保存"按钮，保存设置内容，单击"退出"按钮，退出原始卡片的输入窗口。

6.3　固定资产管理系统日常处理

6.3.1　固定资产增加

固定资产增加操作也可以称为"新卡片录入"，与"原始卡片录入"相对应。在固定资产管理系统的日常核算中，可能会有购买、接受投资、接受捐赠、盘盈等多种方式增加企业的固定资产，这部分资产可通过"资产增加"操作输入系统。

操作过程如下：

1）在"固定资产管理"主界面中，单击"资产增加"图标，打开"资产类别参照"窗口。

2）选择相应的固定资产类别，单击"确认"按钮，打开"固定资产卡片"窗口。

3）依次输入固定资产信息，与原始卡片输入方式相同。

4）卡片输入完毕后，单击"保存"按钮，将卡片内容保存到固定资产管理系统中，如图6-20所示。

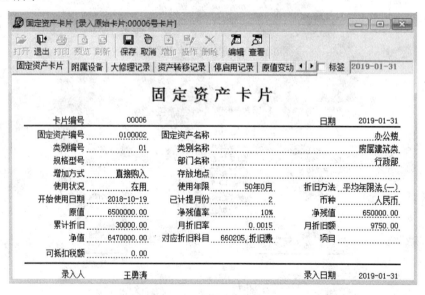

图6-20　固定资产卡片增加操作结果

5）如果在固定资产设置中，将"选项"中的"业务发生后立即制单"选中，则在固定资产卡片输入完毕后，系统就会自动执行固定资产编制凭证操作。

6.3.2　固定资产减少

固定资产在使用过程中，因毁损、报废、出售等会导致资产退出企业，这种情况统称为固定资产的减少。固定资产管理系统具有资产减少的功能，用来处理固定资产减少的会计核算。同时，固定资产系统也提供了资产减少的批量操作，以满足处理同一批固定资产减少的需要。按照固定资产处理的原则，资产减少只能在本月计提折旧之后才能操作。

操作过程如下：

1）在"固定资产主界面"中，单击"资产减少"图标，系统会打开"本账套需要进行计提折旧后，才能减少资产！"信息提示对话框，如图 6-21 所示。

图 6-21　资产减少提示

2）完成固定资产计提折旧后，进入"资产减少"窗口，如图 6-22 所示。

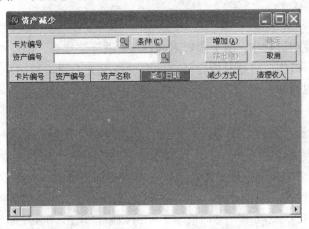

图 6-22　"资产减少"窗口

3）如果要减少的固定资产较少或没有共同点，则单击"卡片编号"右侧的"参照"按钮，选择要减少的固定资产；如果要减少的固定资产较多并且有共同点，可以单击"条件"按钮，将共同点定义为查询条件，筛选出要减少的固定资产。

4）选择要减少的固定资产后，单击"增加"按钮，系统给出减少固定资产的具体内容。

5）在减少固定资产的记录中，根据实际情况调整减少日期、确定减少方式、清理收入、清理费用、清理原因等内容，如图 6-23 所示。

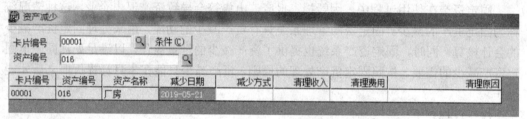

图 6-23　资产减少操作

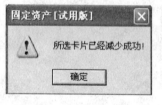

图 6-24　减少成功提示

6）单击"确定"按钮，系统会打开"所选卡片已经减少成功！"信息提示对话框，如图 6-24 所示。

6.3.3　固定资产变动处理

固定资产在使用过程中，可能会有调整卡片上某些项目的要求，并且这种调整要求留下原始凭证，制作的原始凭证就被称为变动表。

1. 原值变动

固定资产在使用过程中，由于添置附属设备、进行装修等，其入账价值会发生变更。在固定资产管理系统中，将这种固定资产的变动情况分为原值增加和原值减少两种，两者的操作具有相似性。

操作过程如下：

1）在"固定资产管理"主界面，单击"资产变动"图标，显示"资产变动类型"菜单，如图 6-25 所示。

2）在"资产变动类型"菜单中，选择"原值增加"选项，打开"固定资产变动单"窗口，如图 6-26 所示。

3）在"固定资产变动单——原值增加"窗口中，单击"卡片编号"按钮，从列表中选择要增加原值的固定资产，在"增加金额"栏中输入原值增加的数额，在"变动原因"栏中输入固定资产原值增加的原因。

4）单击"保存"按钮，保存增加的内容。

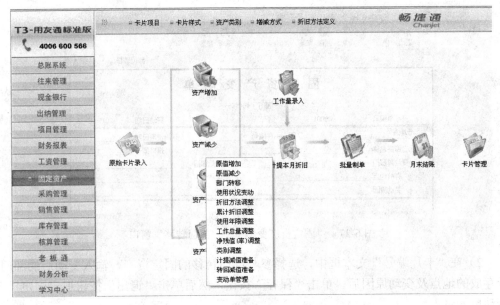

图 6-25　"资产变动类型"菜单

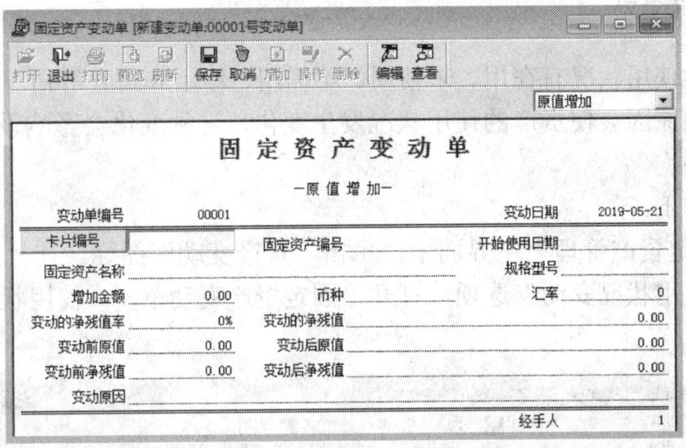

图 6-26　"固定资产变动单——原值增加"窗口

2. 部门转移

固定资产在使用过程中，因内部的调拨而发生所在部门的变动情况要及时处理，否则会影响部门的折旧计算。固定资产的部门转移可通过"固定资产变动单"来完成。

操作过程如下：

1）在"固定资产管理"主界面中，单击"资产变动"图标，在"资产变动类型"菜单中选择"部门转移"选项，打开"固定资产变动单——部门转移"窗口，如图 6-27所示。

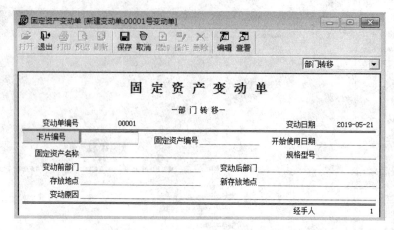

图 6-27 "固定资产变动单——部门转移"窗口

2）在"卡片编号"文本框中，选择参与部门转移的固定资产，输入变动后的部门、新存放的地点及变动原因后，单击"保存"按钮，然后单击"退出"按钮退出固定资产变动单的输入。

3. 使用状况变动

固定资产的使用状况有在用、未使用、不需用、停用和封存等情况。固定资产在使用过程中，某种原因会使资产的使用状况发生变化，这种变化会影响设备折旧的计算，因此要及时调整。

操作过程如下：

1）在"固定资产管理"主界面中，单击"资产变动"图标，在"资产变动类型"菜单中选择"使用状况变动"选项，打开"固定资产变动单——使用状况调整"窗口，如图 6-28 所示。

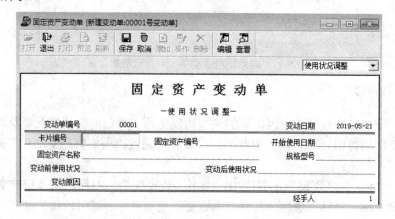

图 6-28 打开"固定资产变动单——使用状况调整"窗口

2）在"卡片编号"列表中，选择需要调整使用状况的固定资产，输入变动后使用状况及变动原因，单击"保存"按钮。

固定资产其他变动情况的操作与上述原值变动、部门转移、使用状况变动类似，均需输入变动后的数据及变动原因。

6.3.4　计提本月折旧

在手工会计核算中，会计人员需要每月按固定资产类型或所属部门计算固定资产的折旧额。在会计核算软件中，执行"计提本月折旧"功能，固定资产管理系统将自动计提各项固定资产当期的折旧额，并将当期的折旧额自动累加到"累计折旧"项目中。

操作过程如下：

1）在"固定资产管理"主界面中，单击"计提本月折旧"图标，系统给出计提本月折旧提示，如图 6-29 所示。

2）单击"是"按钮，系统自动进行折旧计算，计算完毕后，系统会打开"是否要查看折旧清单？"信息提示对话框，如图 6-30 所示。

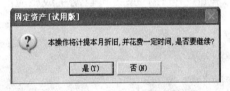

图 6-29　计提本月折旧提示　　　　　图 6-30　折旧清单查看提示

3）单击"是"按钮，打开"折旧清单"对话框，如图 6-31 所示。

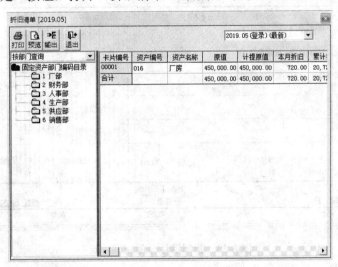

图 6-31　"折旧清单"对话框

4）单击"退出"按钮，系统进入折旧费用分配过程，打开"折旧分配表"对话框，如图 6-32 所示。用户可根据企业具体情况设置折旧是按类别还是按部门进行分配，然后单击"凭证"按钮，打开"填制凭证"窗口。

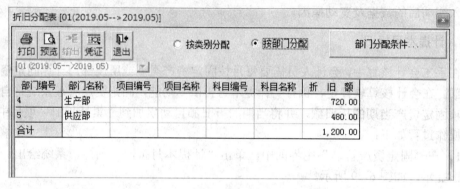

图 6-32 "折旧分配表"对话框

5）在"填制凭证"窗口中，单击"凭证"按钮，系统可自动生成相应的折旧费用分配记账凭证，如图 6-33 所示。

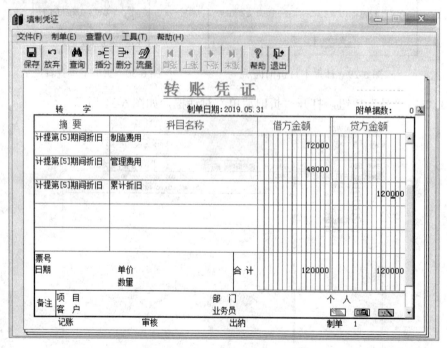

图 6-33 折旧费用分配记账凭证

6）单击"保存"按钮，记账凭证显示"已生成"，单击"退出"按钮，完成固定资产计提折旧操作。

6.3.5　批量制单

制单就是编制记账凭证。固定资产管理系统和总账系统之间存在着数据的自动传递关系，这种数据传递关系主要是通过制作传送到总账系统的凭证来实现的。固定资产管理系统需要制单的情况主要有资产增加、资产减少、卡片修改（涉及原值或累计折旧时）、资产评估（涉及价值变动时）、累计折旧调整、原值变动和折旧分配等。

固定资产管理系统的制单分为立即制单和批量制单两种情况。如果在固定资产管理系统"选项"中勾选了"业务发生后立即制单"复选框，那么在需要制单的上述业务发生后，系统就会调出对应的机制凭证供用户修改；否则就必须通过批量制单完成制单操作。

操作过程如下：

1）在"固定资产"主界面中，单击"批量制单"图标，打开"批量制单"对话框，如图 6-34 所示。

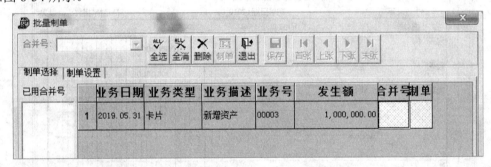

图 6-34　"批量制单"对话框

2）选择"制单选择"选项卡，在要制单业务行的"制单"栏双击产生标志。如果要进行汇总制单，则在"合并号"栏双击产生标志，以确定哪几笔业务需要汇总制作一张凭证。

3）选择"制单设置"选项卡，根据具体业务情况选择相应的科目和部门核算，如图 6-35 所示。

4）在"制单设置"选项卡中，单击"制单"按钮，打开根据设置好的科目形成的记账凭证，如图 6-36 所示。

5）输入记账凭证摘要、附单据数等信息后，单击"保存"按钮，完成制单。

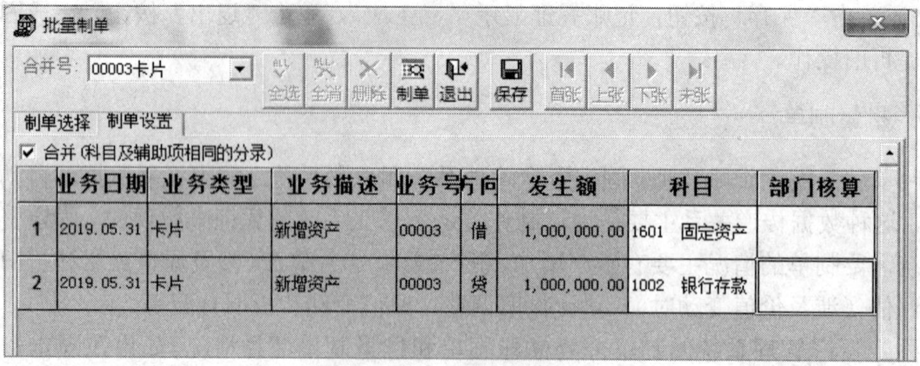

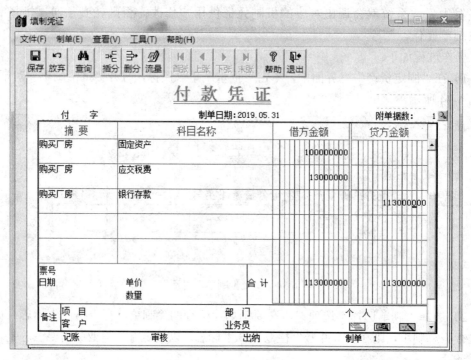

图 6-35　制单设置

图 6-36　自动生成记账凭证

6.3.6　固定资产卡片管理

　　固定资产卡片是固定资产的明细记录，是固定资产管理系统的处理对象和管理基础。卡片操作除了原始卡片输入、资产增加和资产减少等内容，还包括卡片查询、卡片修改、卡片删除和卡片打印等工作。这部分工作主要通过卡片管理操作完成。

　　操作过程如下：

　　1）在"固定资产管理"主界面中，单击"卡片管理"图标，打开"卡片管理"窗口，如图 6-37 所示。在该窗口中，单击左上角的"按部门查询"下拉列表框，可选择按部门、按类别、自定义查询 3 种查询方式。

图 6-37 "卡片管理"窗口

2）选择某行固定资产记录，单击"操作"按钮，可对该项固定资产卡片进行修改，修改完毕后，在"固定资产卡片"窗口中单击"保存"按钮，保存操作内容。

3）选中某项固定资产记录，单击"删除"按钮，系统会打开"是否要删除当前所选择记录"信息提示对话框，单击"是"按钮，可以删除该项固定资产卡片记录。

6.4 账表查询与期末处理

6.4.1 固定资产账表查询

在完成固定资产的日常处理后，固定资产管理系统便能根据用户的需要，自动提供固定资产的各类信息，并且是以各种表格的形式提供给用户。固定资产管理系统提供的表格有账簿、分析表、统计表和折旧表 4 种。如果提供的表格不能满足用户的要求，系统还会提供自定义表格功能，用户可以根据企业具体情况定义所要求的表格。

1. 固定资产账簿

固定资产预置的账簿有分部门、类别或单个的固定资产总账和固定资产明细账等，这些账簿从不同方面及时地反映固定资产的变动情况。用户在查询过程中，可联查某个时期的明细账及相应的原始凭证，从而获得所需要的会计信息。

操作过程如下：

1）在"固定资产"主菜单中，选择"账表"下的"我的账表"选项，打开"报表"查询窗口，如图 6-38 所示。在该窗口中单击"账簿"左侧的"+"号，展开固定资产账簿。

2）双击"报表"查询窗口右侧的固定资产总账，打开"条件-［固定资产总账］"对话框，如图 6-39 所示。

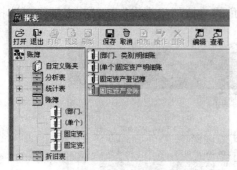

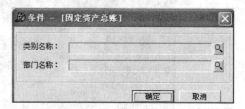

图 6-38　"报表"查询窗口　　　　　图 6-39　"条件-［固定资产总账］"对话框

3）在"条件-［固定资产总账］"对话框中单击"参照"按钮，选择固定资产的"类别名称"与"部门名称"，单击"确定"按钮打开"固定资产总账"窗口，如图 6-40 所示。

图 6-40　"固定资产总账"窗口

4）在"固定资产总账"窗口中，选择固定资产借方、贷方发生额及余额记录，双击所选定的记录行，可联查与该项固定资产相关的明细账记录，如图 6-41 所示。

日期	资产编号	业务单号	凭证号	摘要	资产名称	数量	原值		
							借方	贷方	余额
2019-01-01	0100001	00001		录入原始卡片	办公楼	1	200,000.00		200,000.00
2019-01-01	0200001	00002		录入原始卡片	缝纫设备	1	12,000.00		212,000.00
2019-01-01	0400001	00003		录入原始卡片	计算机	1	6,500.00		218,500.00
2019-01-31	0300001	00004	记--12	新增固定资产	汽车	1	100,000.00		318,500.00
2019-01-31	0400002	00005	记--13	新增固定资产	打印机	1	4,000.00		322,500.00
2019-01-31	0200001	00002	记--15	资产减少	缝纫设备	-1		12,000.00	310,500.00
2019-01-31	0100001	00001		使用状况调整	办公楼				310,500.00
2019-01-31	0100001	00001	记--17	资产评估	办公楼		120,000.00		430,500.00
2019-01-31	01		记--14	计提折旧					430,500.00
					本期合计		442,500.00	12,000.00	430,500.00

图 6-41　联查固定资产明细账

5）在固定资产明细账中，选定某条记录后，双击该条记录，可联查与该条记录相关的固定资产卡片。单击"退出"按钮可退出联查明细账。

2. 固定资产分析表

固定资产分析表用于从资产的构成情况、分布情况和使用情况等角度提供统计分析数据。固定资产分析表包括固定资产使用情况分析表、固定资产部门构成分析表、固定资产类别构成分析表和固定资产价值构成分析表。

操作过程如下：

1）在"固定资产"主菜单中，单击"账表"下的"我的账表"选项，打开"账表"查询窗口，在该窗口中单击"分析表"左侧的"+"号，展开各类分析表。

2）双击选定要查询的分析表，如部门构成分析表，系统显示"条件-［部门构成分析表］"对话框，如图 6-42 所示。

3）点选"按类别的第一级汇总"或"按类别的明细级汇总"单选按钮，在"期间"右侧的下拉列表中选择相应日期，单击"确定"按钮，显示"部门构成分析表"，如图 6-43 所示。

图 6-42　"条件-［部门构成分析表］"
对话框

使用部门	资产类别	数量	计量单位	期末原值	部门百分比	占总值百分比%
行政部(1)		2		420 000.00	100.00	97.50
	房屋建筑类(01)	1	栋	320 000.00	76.19	74.33
	交通运输类(03)	1	辆	100 000.00	23.81	23.23
财务部(2)		1		4 000.00	100.00	0.93
	电子设备类(04)	1	台	4 000.00	100.00	0.93
销售部(6)		1		6 500.00	100.00	1.51
	电子设备类(04)	1	台	6 500.00	100.00	1.51
总 计		4		430 500.00	100.00	100.00

图 6-43　部门构成分析表

其他分析表的查询方式与固定资产分析表的查询方式类似。

3. 固定资产统计表

固定资产统计表用于提供各种统计信息，主要包括固定资产统计表、逾龄资产统计表、役龄资产统计表、盘盈盘亏报告表、评估变动表、评估汇总表和固定资产原值及统计表等。

操作过程如下：

1）在"固定资产"主菜单中，单击"账表"下的"我的账表"选项，打开"账表"

图6-44　"条件-［固定资产统计表］"对话框

查询窗口，在该窗口中单击"统计表"左侧的"+"号，展开各类统计表。

2）双击要查询的固定资产统计表，如固定资产统计表，打开"条件-［固定资产统计表］"对话框，如图6-44所示。

3）根据查询条件，选择按部门还是按类别进行统计，以及部门、类别的级次和期间，单击"确定"按钮，显示"固定资产统计表"，如图6-45所示。

使用单位：湖南九龙股份有限公司　　　　期间：2019.01
部门级次：第 1 级　　　　　　　　　　　类别级次：第 1 级

部门名称	资产类别	数量	使用年限	计量单位	原值	累计折旧	净值	新旧程度%	净残值	本月折旧
行政部(1)		2			420,000.00	50,000.00	370,000.00	84.10	37,000.00	
	房屋建筑类(01)	1	50年	栋	320,000.00	50,000.00	270,000.00	84.38	32,000.00	
	交通运输类(03)	1	8年	辆	100,000.00		100,000.00	100.00	5,000.00	
财务部(2)					4,000.00		4,000.00	100.00	160.00	
	电子设备类(04)	1	6年	台	4,000.00		4,000.00	100.00	160.00	
生产部(4)										93.60
	机器设备类(02)	1	10年	台						93.60
销售部(6)		1			6,500.00	786.45	5,713.55	87.90	260.00	86.45
	电子设备类(04)	1	6年	台	6,500.00	786.45	5,713.55	87.90	260.00	86.45
合　计		4			430,500.00	50,786.45	379,713.55	88.20	37,420.00	180.05

图6-45　固定资产统计表

6.4.2　期末处理

1．对账

系统在运行过程中，应保证固定资产管理系统管理的固定资产价值和账务处理系统中固定资产科目的数值相等。查询两个系统的资产价值是否相等，应通过固定资产管理系统提供的对账功能来实现，并且对账操作不限制执行时间。系统在执行月末结账时会自动对账，给出对账结果，并根据初始化或选项中的判断确定两个系统的资产价值不平情况下是否允许结账。只有系统初始化或选项中选择了"账务系统对账"选项，才可以进行对账操作。

操作过程如下：

在"固定资产"主菜单中，选择"处理"下的"对账"选项，系统自动进行对账工作，并给出对账结果，如图6-46所示。

图6-46　对账结果

2. 结账

当固定资产管理系统完成了本月全部制单业务后，就可以进行月末结账。月末结账操作每月进行一次，结账后当期数据不能修改。本期不结账，将不能处理下期数据。结账前一定要进行数据备份。

操作过程如下：

1）在"固定资产管理"主界面中，单击"月末结账"图标，打开"月末结账"对话框，如图 6-47 所示。

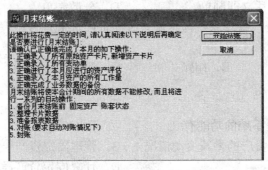

图 6-47　"月末结账"对话框

2）单击"开始结账"按钮，系统自动进行对账操作，并显示对账结果，单击"确定"按钮后，系统自动完成结账操作，并提示结账成功，如图 6-48 所示。

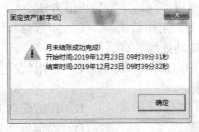

图 6-48　月末结账完成提示

练 习 题

练习题答案 6

一、单选题

1. 固定资产管理系统通过（　　）来进行固定资产的明细核算。

    A. 固定资产卡片　　　　　　　　B. 固定资产总账

    C. 固定资产分录　　　　　　　　D. 固定资产报表

2. 下列不属于固定资产减少方式的是（　　　）。

    A. 出售　　　　　B. 盘亏　　　　　C. 在建工程转入　　D. 报废

3. 资产减少只能在（　　　）才能操作。

    A. 本月计提折旧后　　　　　　　　B. 本月计提折旧前

    C. 下月计提折旧后　　　　　　　　D. 上月计提折旧前

4. 如果在固定资产管理系统"选项"中选择了（　　　），那么在需要制单的经济业务发生后，可立即制单。

    A. 批量制单　　　　　　　　　　　B. 对应入账科目

    C. 业务发生后立即制单　　　　　　D. 分散制单

5. 要确定固定资产管理系统与总账系统的资产价值是否相等，可通过（　　　）来实现。

    A. 对账　　　　　B. 结账　　　　　C. 资产变动　　　D. 固定资产分析表

二、多选题

1. 固定资产管理系统的功能有（　　　）。

    A. 管理固定资产的增减变动情况　　B. 管理固定资产卡片

    C. 计提折旧　　　　　　　　　　　D. 计算固定资产净值

2. 固定资产管理系统的特点包括（　　　）。

    A. 数据存储量小　　　　　　　　　B. 数据存储量大

    C. 日常数据输入量少　　　　　　　D. 输出内容多

3. 固定资产管理系统预设了（　　　）等折旧方法。

    A. 平均年限法　　B. 工作量法　　C. 年数总和法　　D. 双倍余额递增法

4. 下列属于固定资产变动处理的有（　　　）。

    A. 购入固定资产　　B. 部门转移　　C. 使用状况变动　　D. 出售固定资产

5. 固定资产统计表包括（　　　）。

    A. 固定资产价值构成分析表　　　　B. 评估变动表

    C. 固定资产明细账　　　　　　　　D. 固定资产原值及统计表

三、判断题

1. 固定资产类别设置就是固定资产编码的设置。　　　　　　　　　　　（　　）

2. 如果固定资产管理系统的启用日期为 2012 年 1 月 1 日，那么在 2011 年 9 月购入的固定资产应通过"资产增加"功能来增加。　　　　　　　　　　　（　　）

3. 固定资产在使用过程中，因内部的调拨而发生所在部门的变动情况要及时处理，否则会影响部门的折旧计算。　　　　　　　　　　　　　　　　　　　（　　）

4. 在会计核算软件中，固定资产管理系统除了能自动计提折旧，还可以由用户手动计提折旧并自动生成凭证。　　　　　　　　　　　　　　　　　　　（　　）

5. 当固定资产发生变动时，要填制固定资产变动单，就必须编制记账凭证。

（　　）

实训 11　固定资产管理系统上机练习

实训要求

1）新建固定资产账套。
2）固定资产账套基础设置。
3）固定资产管理系统日常处理。
4）固定资产账表查询。

实训准备

引入账套号为"234"的练习账套，以"001"的身份登录用友畅捷通 T3 软件，日期为 2020 年 1 月 1 日，进入固定资产管理系统。

实训资料

1. 固定资产初始化资料

（1）控制参数
控制参数相关信息如表 6-1 所示。

表 6-1　控制参数相关信息

控制参数	参数设置
约定与说明	我同意
启用月份	2020-01
折旧信息	折旧方法：平均年限法（一）　其余默认
编码方式	默认
财务接口	对应"固定资产"　"累计折旧"
补充参数	固定资产默认入账科目：1601　累计折旧默认入账科目：1602

（2）固定资产类别
固定资产相关信息如表 6-2 所示。

表 6-2　固定资产相关信息

编码	类别名称	使用年限/年	净残值率/%	计提属性
01	交通运输设备	10	5	正常计提
02	电子设备	5	4	正常计提

（3）部门对应折旧科目

不同部门对应折旧科目相关信息如表 6-3 所示。

表 6-3　不同部门对应折旧科目相关信息

部门	对应科目
办公室、财会科	管理费用——折旧费
车间	制造费用

（4）增减方式的对应入账科目

增减方式的对应入账科目相关信息如表 6-4 所示。

表 6-4　增减方式的对应入账科目相关信息

增减方式目录	对应入账科目
增加方式	
直接购入	银行存款
减少方式	
毁损	固定资产清理

（5）固定资产原始卡片

固定资产原始卡片相关信息如表 6-5 所示。

表 6-5　固定资产原始卡片相关信息

固定资产卡片项目	项目 1	项目 2
固定资产编号	01301	02201
固定资产名称	汽车	计算机
类别编号	01	02
所属部门	车间	办公室
存放地点	地上车库	地下车库
增加方式	直接购入	直接购入
使用状况	在用	在用
使用年限/年	10	5
折旧方法	平均年限法（一）	平均年限法（一）
开始使用日期	2018 年 12 月 1 日	2015 年 1 月 1 日
原值/元	350 000	150 000
累计折旧/元	60 000	140 000
净残值率/%	5	4
对应折旧科目	制造费用	管理费用——折旧费

2. 固定资产日常核算（重新注册，时间调整为 1 月 31 日）

2020 年 1 月发生下列业务（固定资产增加、减少及计提折旧的处理）。

1）31 日，财会科购买复印机一台（电子设备，编号为 02202），价值 10 000 元，净残值率为 4% 预计使用 5 年，以转账支票方式支付，已投入使用（均不考虑税金）。

2）31 日，办公室购买越野车一辆（编号为 01102），原价 20 万元，净残值率为 5%，预计使用 10 年，以转账支票方式支付，已投入使用，存放地点为地下车库。

3）31 日，计提本月折旧费用。

4）31 日，办公室计算机毁损，进行资产减少处理。

5）编制相应记账凭证。

3. 查询账表

1）查询部门折旧计提汇总表。

2）查询固定资产使用状况分析表。

3）查询固定资产原值一览表。

4）查询财会科电子设备固定资产总账和明细账。

5）查询办公室固定资产折旧计算明细表。

4. 固定资产变动处理

1）固定资产价值变动：31 日，车间的汽车购入新配件，花费 2 000 元，以现金方式支付。要求编制记账凭证。

2）固定资产调拨业务：31 日，车间的汽车因管理需要转移至办公室，存放地点为地下车库。

第 7 章　购销存管理系统

学习目标

1. 了解购销存管理系统的概念、功能模块。
2. 掌握购销存管理系统的初始化设置。
3. 熟悉购销存管理系统的日常核算。
4. 掌握各类购销存账表的查询。
5. 了解购销存管理系统的月末处理。

案例导入

宁静已经在含光财务咨询公司实习近两个月了，在业务一部孙经理和其他同事的帮助下，她全面地学习了会计报表管理系统、工资管理系统、固定资产管理系统等一系列会计电算化的工作流程。她扎实的会计理论基础、娴熟的会计软件操作、诚恳热情的工作态度得到了单位领导和各位同事的好评。孙经理代表公司准备与宁静签订正式劳动合同，不过在正式聘用之前，孙经理交给她一个任务：完成北京东方公司本月的购销存业务。作为上岗前的一个考验，宁静能顺利通过吗？

宁静需要思考的问题：购销存管理系统的功能模块有哪些？购销存管理系统要做哪些初始化设置？企业采购材料、销售商品的业务是怎样在会计软件中实现的？供应商和客户资料如何查询？

7.1　购销存管理系统概述

7.1.1　购销存管理系统的概念与功能模块

1. 购销存管理系统的概念

购销存管理系统是以企业采购材料、销售商品和库存管理为主线的综合管理系统。它以购销存业务环节中的各项活动为对象，记录各项业务的发生情况，有效跟踪其发展过程，为财务核算、业务分析和管理决策提供依据。

2. 购销存管理系统的功能模块

用友畅捷通 T3 软件中，购销存管理系统主要由采购管理、销售管理、库存管理和核算管理几个模块组成，各模块的主要功能如下：

（1）采购管理

采购是指企业物资供应部门按已确定的物资供应计划，通过市场采购、加工订制等渠道取得企业生产经营活动所需要的各种物资的经济活动。采购管理系统的主要功能：进行采购订单的处理，动态掌握订单的执行情况，向延期交货的供应商发出催货函；处理采购入库单、采购发票，并根据采购发票确认采购入库成本；掌握采购业务的付款情况。

（2）销售管理

销售是企业生产经营成果的实现过程，是企业经营活动的中心。销售管理系统的主要功能：进行销售订单的确认与汇总分析；处理销售业务中普通发票与专用发票的开票业务；根据销售出库单、销售发票确认销售商品成本；查询并分析销售表格资料。

（3）库存管理

库存管理与采购管理、销售管理紧密联系。库存管理既能满足采购入库、销售出库、产成品入库、材料出库、其他出入库、盘点等业务需要，又能提供仓库货位管理、批次管理等全面业务应用。

（4）核算管理

核算管理是指从资金的角度管理存货的出入库业务。通过核算管理系统可以掌握存货耗用情况，及时、准确地把各类存货成本归集到各成本项目和成本对象上。

7.1.2 购销存管理系统各模块的业务流程

1. 采购管理系统

采购管理系统的业务模块如图 7-1 所示。其业务流程如下：供应部门填制采购订单，审核后传至供应商，供应商根据采购订单进行供货；到货之后，企业根据采购订单生成采购入库单，供应商开具采购发票，企业在系统中输入采购发票，付款给供应商时填制付款单，然后对采购发票进行核销。

2. 销售管理系统

销售管理系统的业务模块如图 7-2 所示。其业务流程如下：供应商填制销售订单，审核后生成发货单；根据销售订单或发货单生成销售发票，审核后形成应收账款，收到客户的付款后，供应商可以核销应收账款，将单据传递给核算系统，最后生成记账凭证。

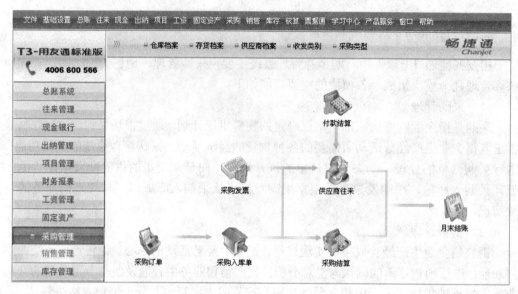

图 7-1　采购管理系统的业务模块

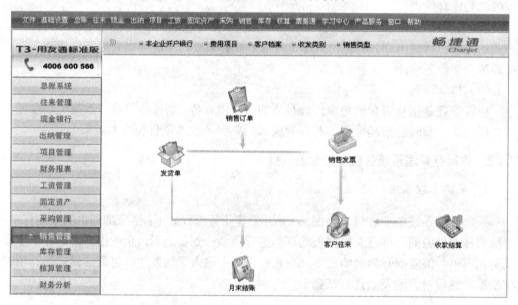

图 7-2　销售管理系统的业务模块

3. 库存管理系统

库存管理系统的业务模块如图 7-3 所示。其业务流程如下：企业对采购入库单进行审核，确认正式入库；供应部门对销售出库单进行审核，进行销售发货业务处理；工业企业还需要处理材料出库业务，生成完成后的产成品入库单业务，处理调拨、盘点等业务；各种出入库单据会传递到核算系统进行存货成本的处理，并生成记账凭证。

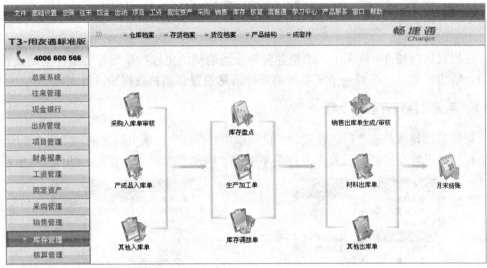

图 7-3　库存管理系统的业务模块

4. 核算管理系统

核算管理系统的业务模块如图 7-4 所示。其业务流程如下：企业对各种出入库单据进行记账，进行产成品成本分配；对客户往来、供应商往来进行制单；进行各种出入库单据制单操作，并进行月末处理；查询各种表单和账表。

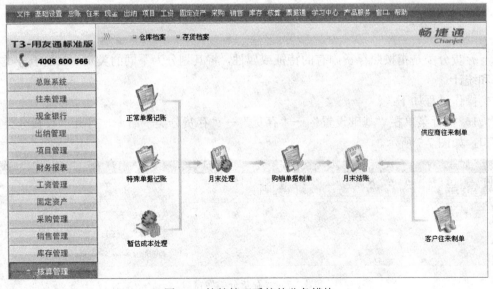

图 7-4　核算管理系统的业务模块

7.2 购销存管理系统初始化设置

在用友畅捷通 T3 软件中，购销存管理系统的初始化包括存货与购销存基础设置，采购、销售、库存、核算 4 个子系统的基础信息设置和期初数据输入等工作。

7.2.1 存货与购销存基础设置

存货基础设置是在"基础设置"下拉菜单中"存货"选项中设定的，如图 7-5 所示；购销存基础设置在"基础设置"下拉菜单中的"购销存"选项中设定，如图 7-6 所示。

图 7-5 存货基础设置菜单

图 7-6 购销存基础设置菜单

1. 存货分类

存货分类是指按照存货固有的特征或属性，将其划分为不同的类别，以便于分类核算和统计。

操作过程如下：

1）执行菜单栏"基础设置"→"存货"→"存货分类"命令，打开"存货分类"窗口，如图 7-7 所示。

图 7-7 "存货分类"窗口

2）单击"增加"按钮，输入存货的类别编码和类别名称；单击"保存"按钮，保存存货分类的信息。

2. 存货档案

存货档案是企业存货的基本信息资料，包含存货编码、存货名称、存货代码、价格成本、管理制度和其他档案等。其中存货属性中的销售、外购、生产耗用、自制、在制、劳务费用等内容成为区分存货不同性质的主要标准。

操作过程如下：

1）执行菜单栏"基础设置"→"存货"→"存货档案"命令，打开"存货档案"窗口，如图 7-8 所示。

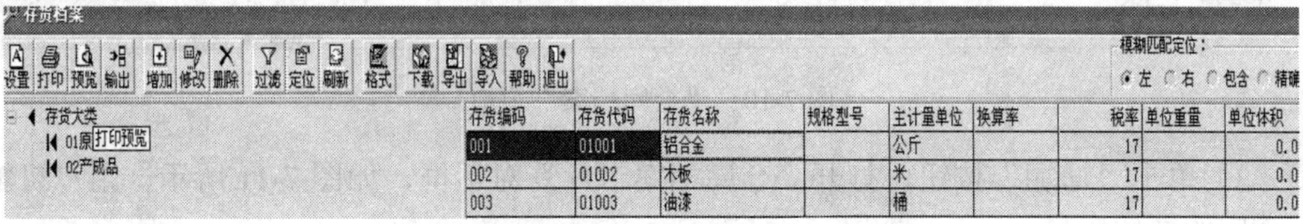

图 7-8 "存货档案"窗口

2）单击"增加"按钮，打开"存货档案卡片"对话框，如图 7-9 所示，用户可输入存货的基本信息，单击"保存"按钮，保存存货资料。

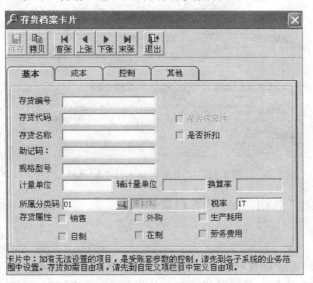

图 7-9 "存货档案卡片"对话框

3）在"存货档案"窗口中，单击"修改"按钮，可以对已生成的存货档案卡片进行修改；单击"删除"按钮，可删除不需要的卡片资料。

3. 仓库档案

存货一般需要仓库进行保管。企业在进行存货核算时，通过仓库能有效地对存货进行分类管理，因此，在购销存系统中建立仓库档案十分必要。

操作过程如下：

1）执行菜单栏"基础设置"→"购销存"→"仓库档案"命令，打开"仓库档案"窗口，如图 7-10 所示。

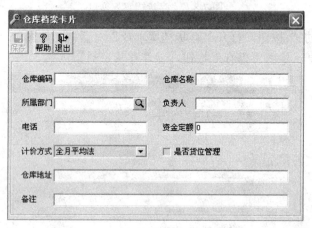

图 7-10　"仓库档案"窗口

2）单击"增加"按钮，打开"仓库档案卡片"对话框，如图 7-11 所示，用户可输入仓库的具体资料。

图 7-11　"仓库档案卡片"对话框

3）单击"保存"按钮，保存仓库档案信息。

4. 收发类别

收发类别用来表示存货的出入库类型，便于对存货的出入库情况进行分类汇总统计。用友畅捷通 T3 软件中已经预设了部分收发类别，如图 7-12 所示，用户可根据实际需要进行增删。

图 7-12　收发类别设置

5．采购类型、销售类型

定义采购类型与销售类型，就能够按采购、销售类型对采购、销售业务数据进行统计和分析。采购类型与销售类型均不分级次，用户可根据实际需要设立。"采购类型"设置窗口如图 7-13 所示。

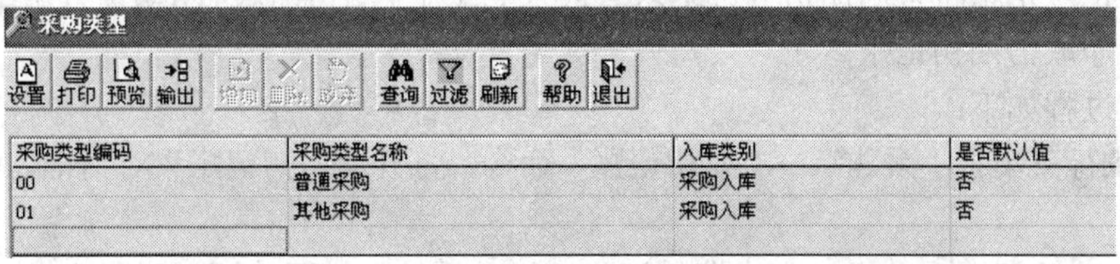

采购类型编码	采购类型名称	入库类别	是否默认值
00	普通采购	采购入库	否
01	其他采购	采购入库	否

图 7-13　"采购类型"设置窗口

6．费用项目

销售过程中有很多不同的费用发生，如代垫运费、销售支出等，用户可在系统中将其设为费用项目，以方便记录和统计，如图 7-14 所示。

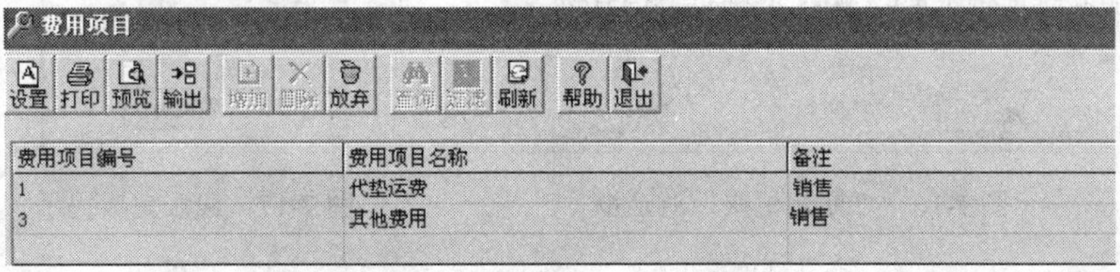

费用项目编号	费用项目名称	备注
1	代垫运费	销售
3	其他费用	销售

图 7-14　"费用项目"设置窗口

7.2.2　采购系统初始化设置

在采购系统中，用户可以通过"采购"菜单中的"采购业务范围设置"选项，设置业务控制参数，包括采购核算中业务控制、公共参数、结算选项和应付参数。

初次使用采购系统时，要将截至采购系统启用时未处理完全的采购单据输入采购系统中，作为采购业务的初始状态。例如，期初在途材料可通过"采购"下拉菜单中"采购发票"功能输入期初采购发票，如图 7-15 所示。

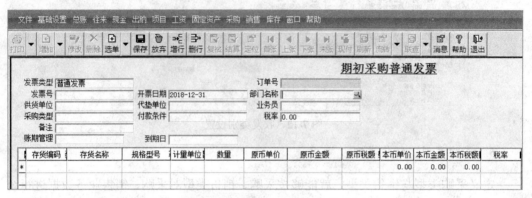

图 7-15　期初采购发票的输入

期初记账是指将采购期初数据记入有关采购账中。期初记账后，期初数据不能增加、修改，除非取消期初记账。

操作过程如下：

1）执行菜单栏"采购"→"期初记账"命令，打开"期初记账"对话框，如图 7-16 所示。

2）单击"记账"按钮，完成期初记账过程，系统会打开"期初记账完毕！"信息提示对话框，如图 7-17 所示。

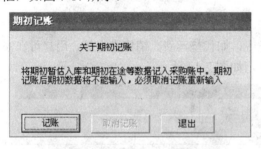

图 7-16　"期初记账"对话框

图 7-17　记账完毕提示

7.2.3　销售系统初始化设置

企业可以根据自身的销售管理模式和业务流程，通过"销售"下拉菜单中的"销售业务范围设置"来设置业务控制参数，包括业务范围、业务控制、系统参数、打印参数、价格管理和应收核销等内容。

在销售系统中，期初数据是指上期未处理完的销售发票和预收款。用户可运用销售系统期初数据输入功能，将有关单据输入。

操作过程如下：

1）执行菜单栏"销售"→"客户往来"→"客户往来期初"命令，打开"期初余额—查询"对话框，如图 7-18 所示。

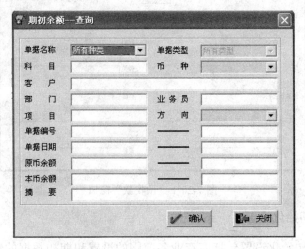

图 7-18 "期初余额—查询"对话框

2）输入相应的查询条件，单击"确认"按钮，打开"期初余额明细表"窗口。

3）在"期初余额明细表"窗口中，单击"增加"按钮，打开"单据类别"对话框，如图 7-19 所示。

图 7-19 "单据类别"对话框

4）在"单据类别"对话框中，单击"单据名称"右侧的下拉按钮，选择"预收单"选项后，单击"确认"按钮，打开"预收款"窗口，如图 7-20 所示，输入相关内容后保存。

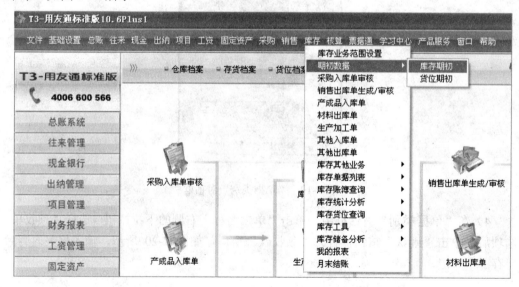

图 7-20　"预收款"窗口

7.2.4　库存系统初始化设置

　　库存系统的初始化设置包括库存业务范围的设置和期初数据的输入。库存业务范围的设置涉及库存管理的一系列参数的设定；期初数据的输入是输入使用库存管理系统前各仓库各存货的期初结存情况。

　　操作过程如下：

　　1）在"库存管理"系统中，执行菜单栏"库存"→"期初数据"→"库存期初"命令，如图 7-21 所示。

图 7-21　"库存"菜单选项

2）在打开的"期初余额"窗口中，如图 7-22 所示，单击"仓库"下拉选项，选择存货所在仓库，再单击"增加"按钮输入存货期初资料。

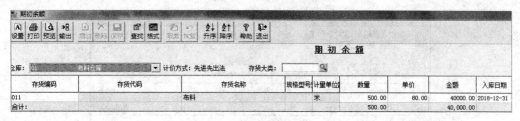

图 7-22　"期初余额"窗口

7.2.5　核算系统初始化设置

核算系统的初始化设置包括核算业务范围的设置、科目的设置和期初数据的输入。其中期初数据的输入与库存系统中的期初数据输入一致，在其中任何一个系统中输入存货期初数据即可。科目设置包括存货科目、存货对方科目、客户往来科目、供应商往来科目等内容。

1. 存货科目设置

存货科目设置用于设置本系统中生成凭证所需要的各种存货科目和差异科目。因此，用户在制单之前应先在此模块中将存货科目设置完整、正确，否则无法生成科目完整的凭证。

操作过程如下：

1）执行菜单栏"核算"→"科目设置"→"存货科目"命令，如图 7-23 所示。

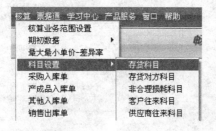

图 7-23　"科目设置"菜单

2）在打开的"存货科目"对话框中，如图 7-24 所示，选择相应的仓库编码、存货分类编码和存货科目编码后，单击"保存"按钮。

存货对方科目的设置方式与存货科目的设置方式类似。

2. 客户往来科目设置

购销存管理系统中，客户与供应商往来的业务类型比较固定，生成的凭证类型也比较固定，因此，为了简化凭证生成操作，可以在该设置中将各业务类型凭证中的常用科目预先设置好。

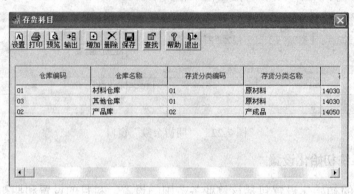

图 7-24 "存货科目"对话框

操作过程如下：

1）执行菜单栏"核算"→"科目设置"→"客户往来科目设置"命令，打开"客户往来科目设置"窗口，如图 7-25 所示。在"基本科目设置"中输入"应收科目""销售收入科目""应交增值税科目""销售退回科目"等对应科目内容。

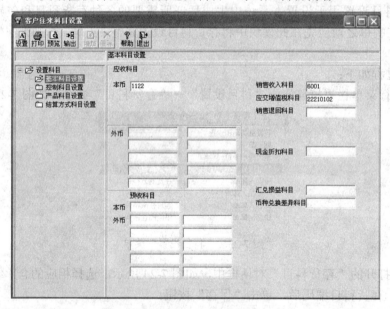

图 7-25 "客户往来科目设置"窗口

2）用户可依次选择"控制科目设置""产品科目设置""结算方式科目设置"等选项，输入有关科目内容。

3）科目设置完毕后，单击"退出"按钮，退出"客户往来科目设置"窗口。

供应商往来科目的设置方式与客户往来科目的设置方式类似。

7.3 购销存管理系统日常核算

7.3.1 采购系统日常核算

1. 采购订货

采购订货是指企业和供应商共同确认，由企业向供应商要求供货的过程。供应商根据采购订单组织货源，企业对采购订单的执行进行管理、控制和追踪。

采购订单是企业和供应商双方确认的、企业向供应商要货需求的单据，它可以是采购合同中关于货物的明细内容，也可以是订货的口头协议。采购订单对应采购合同中订货明细部分的内容，但不能完全代替采购合同，因为它没有关于合同中其他合同条款的叙述。

操作过程如下：

1）在"采购管理"主界面中，单击"采购订单"图标；或执行菜单栏"采购"→"采购订单"命令，打开"采购订单"窗口，如图 7-26 所示。

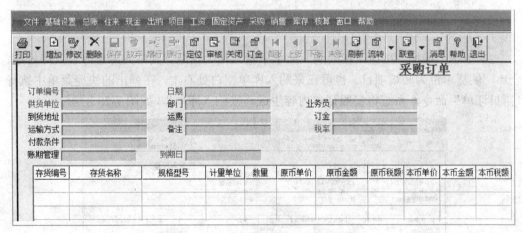

图 7-26 "采购订单"窗口

2）在"采购订单"窗口中，输入采购订单的有关内容。其中订单编号、日期、供货单位、税率、到期日为必填项目。

3）订单内容输入完毕后，单击"保存"按钮。

4）采购订单确认输入无误后，单击"审核"按钮。

2. 采购入库单

采购入库是企业向供应商下达采购订单后，供应商将货物送到企业入库的行为，是采购业务的执行阶段。

入库单是企业给供应部门作为收货的凭据，是采购收货业务的执行载体。无论工业企业还是商业企业，采购入库单都是采购管理的核心单据。

操作过程如下：

1）在"采购管理"主界面中，单击"采购入库单"图标；或者执行菜单栏"采购"→"采购入库单"命令，打开"采购入库单"窗口，如图 7-27 所示。

图 7-27 "采购入库单"窗口

2）单击"增加"按钮，在采购入库单中输入相关信息，其中入库单号、入库日期、仓库、供货单位为必填项目。也可在采购入库单空白处右击，在弹出的快捷菜单中执行"拷贝订单"命令，系统将参照订单内容生成"采购入库单"，如图 7-28 所示。

图 7-28 "采购入库单"界面

3）输入完毕后，单击"保存"按钮。

3. 采购发票

采购发票是指供应商开具给企业的增值税专用发票、普通发票及其所附清单等原始采购单据。采购发票可以参照采购订单或采购入库单生成。

一张采购订单或采购入库单可以拆单或拆记录生成多张采购发票，也可以用多张采购订单或采购入库单汇总生成一张采购发票。采购发票经过复核后，企业通知财务部门进行应付款的核销处理（即通知财务付款）。企业通过发票取得货物的实物所有权。

操作过程如下：

1）在"采购管理"主界面中，单击"采购发票"图标，打开"采购专用发票"窗口，如图 7-29 所示。

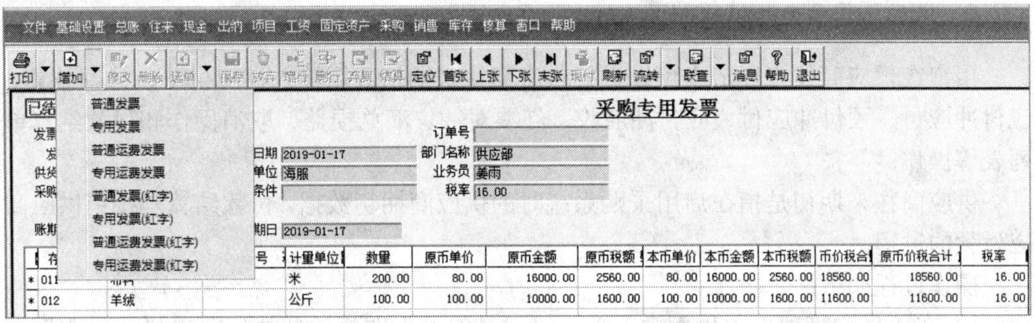

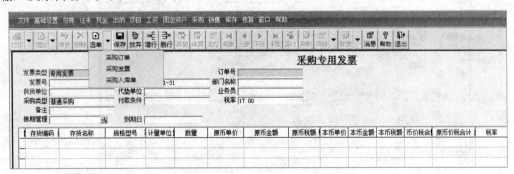

图 7-29 "采购专用发票"窗口

2）单击"增加"按钮右侧的下拉按钮，选择增加的发票类型，如专用发票。在新增发票窗口中，单击"选单"按钮右侧的下拉按钮，参照"采购订单"或"采购入库单"输入发票内容，如图 7-30 所示。

图 7-30 输入发票内容

3）输入完毕后，单击"保存"按钮；单击"复核"按钮，审核该张采购发票，并确认为应付款项；单击"现付"按钮，对该张采购发票做现付处理，如图7-31所示。

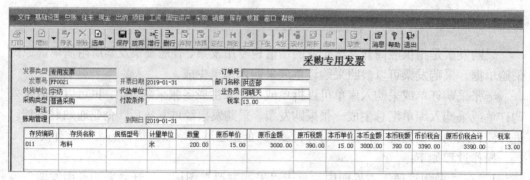

图 7-31　输入完成的采购专用发票

4. 供应商往来——付款结算

用户在供应商往来环节中可以进行供应商往来期初数据输入、应付单、付款结算、应付冲应付、预付冲应付、应付冲应收、红票对冲、汇兑损益、取消操作和付款结算单列表等操作。

供应商往来期初是指在启用采购系统时的供应商期初数据，付款结算是核销供应商应付款的过程。

操作过程如下：

1）在"采购管理"主界面中，单击"付款结算"图标；或执行菜单栏"采购"→"供应商往来"→"付款结算"命令，打开"付款单"窗口，如图7-32所示。

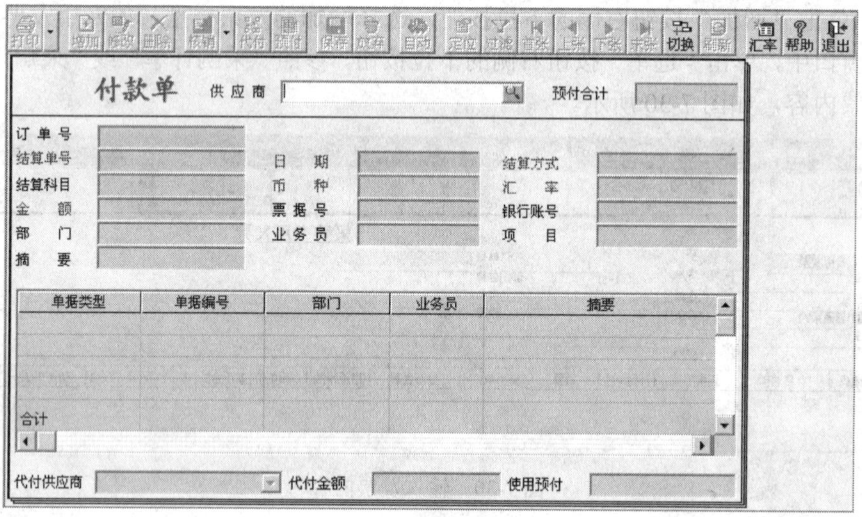

图 7-32　"付款单"窗口

2）在"付款单"窗口中，单击"供应商"右侧的"参照"按钮，选择对应的供应商；单击"增加"按钮，增加空白付款单内容；单击"保存"按钮即可保存。

3）单击"核销"按钮，系统会列出该供应商所有未核算的单据信息，用户可以选择要核销的单据，如图 7-33 所示。

图 7-33　核销付款单

4）单击"自动"按钮，将付款单上的金额自动匹配到应付单据上，或在"本次结算"栏中输入结算金额。

5）单击"保存"按钮。

7.3.2　销售系统日常核算

1. 销售订货

销售订货是指由客户要求供货、购销双方共同确认的过程。企业根据销售订单组织货源，并对订单的执行进行管理和控制。销售订单是购销双方确认订货要求的单据，其中包含企业销售合同中关于出售货物的明细内容。销售订单是销售业务的起源，供应商在填制销售订单时，要检查仓库是否有足够货物可供销售。要注意的是，销售订单是销售系统中的一个可选单据，企业可以根据实际业务需要，考虑是否需要填制销售订单。

操作过程如下：

1）在"销售管理"主界面中，单击"销售订单"图标，打开"销售订单"窗口，如图 7-34 所示。

2）单击"增加"按钮，增加一张空白订单，输入销售订单的有关内容。订单表头部分必须输入"订单日期""销售类型""客户名称""销售部门"等项目。表体部分要输入"货物名称""数量""单价"等信息。

3）单击"保存"按钮，保存新增销售订单。

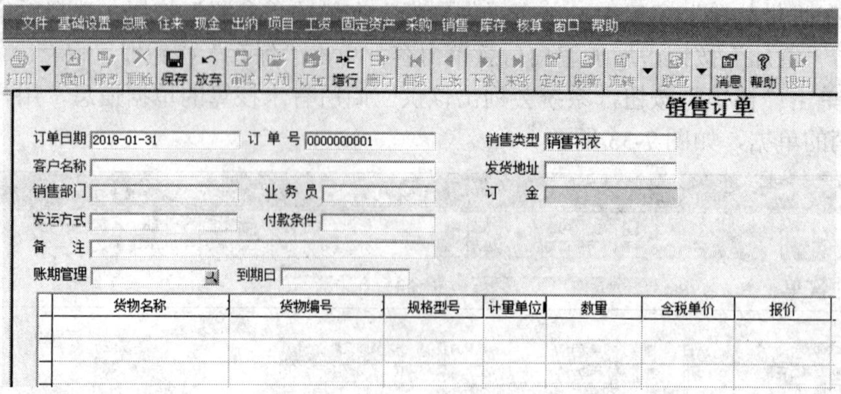

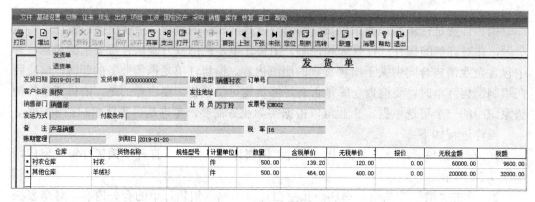

图 7-34 "销售订单"窗口

2. 发货单

销售发货是企业执行与客户签订的销售合同或销售订单，将货物发往客户的行为，是销售业务的执行阶段。发货单是销售方给客户发货的凭据，是销售发货业务的执行载体。无论是工业企业还是商业企业，发货单都是销售管理的核心单据。销售发货单由销售部门填制之后传递给仓库，仓库备货并将货物发送给客户。

操作过程如下：

1）在"销售管理"主界面中，单击"发货单"图标，打开"发货单"窗口。

2）单击"增加"按钮，选择"发货单"，在空白发货单中输入出售货物的具体资料；也可单击"选单"按钮，参照销售订单输入，如图 7-35 所示。

图 7-35 发货单信息输入

3）输入完毕后，单击"保存"按钮。

4）单击"审核"按钮，系统提示审核相关信息，如图 7-36 所示。

图 7-36　发货单审核提示

5）单击"是"按钮，完成操作。

退货单的填制方式与发货单的填制方式类似。

3. 销售发票

销售发票是指销售方给购买方开具的增值税专用发票、普通发票等原始销售票据。销售发票可以由销售部门参照发货单生成（即先发货后开票业务），也可以由销售部门参照销售订单生成或直接填制（即开票直接发货业务）。参照订单或直接填制的销售发票经复核后自动生成发货单，并根据参数设置销售出库单，或由库存系统参照已复核的销售发票生成销售出库单。一张订单或发货单可以拆成多张销售发票，也可以用多张订单或发货单汇总生成一张销售发票。销售发票经复核后，销售方通知财务部门核算应收账款。购买方通过发票取得货物的所有权。

操作过程如下：

1）在"销售管理"主界面中，单击"销售发票"图标，打开"销售专用发票"窗口，如图 7-37 所示。

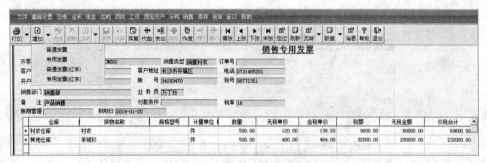

图 7-37　"销售专用发票"窗口

2）单击"增加"按钮右侧的下拉按钮，选择增加普通发票还是专用发票或红字发票。在新增发票窗口，单击"选单"按钮右侧的下拉按钮，选择"销售订单"生成销售发票，如图 7-38 所示。

3）销售发票新增完毕后，单击"保存"按钮，保存销售发票；单击"复核"按钮，审核该张销售发票。

4）单击"代垫"按钮，新增代垫费用单；单击"支出"按钮，新增销售支出单。

销售支出是指在销售业务中，随货物销售所发生的为客户支付的业务执行费、现金折扣让利等费用。单击"现结"按钮，结算未复核的发票。

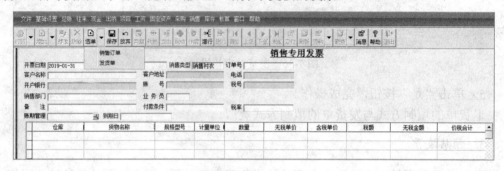

图 7-38　新增销售发票

4. 客户往来——收款结算

用户在客户往来可以进行客户往来期初、应收单、收款结算、应收冲应收、预收冲应收、应收冲应付、红票对冲、汇兑损益、取消操作和收款结算单列表等操作。

收款结算是指确定收款单与原始的发票、应收单之间对应关系的操作。需要指明每一次收的是哪几笔销售业务的款项，而且可以进行不同币种之间的核销处理。

操作过程如下：

1）在"销售管理"主界面中，单击"收款结算"图标；或执行菜单栏"销售"→"客户往来"→"收款结算"命令，打开"收款单"窗口。

2）单击"客户"右侧的"参照"按钮，选择本次收款的客户名称，如图 7-39 所示。

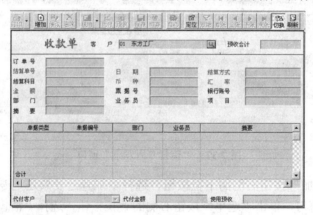

图 7-39　"收款单"窗口

3）单击"增加"按钮，增加一张空白收款单，输入有关信息。

4）单击"保存"按钮，保存设置。

5）单击"核销"按钮，系统会列出该客户所有未核算的单据信息，用户可以选择要核销的单据，在"本次结算"文本框中输入具体核销的金额。

6）核销完毕后，单击"保存"按钮。

7.3.3　库存系统日常核算

库存系统的日常核算包括材料出入库单、产成品出入库单、其他出入库单、盘点、调拨等业务核算。这里主要介绍材料出库单和产成品入库单的核算。

1. 材料出库单

材料出库单是领用材料时所填制的出库单据。当生产车间从仓库中领用材料用于生产时，就需要填制材料出库单。只有工业企业才有材料出库单，商业企业没有此单据。

操作过程如下：

1）在"库存管理"主界面中，单击"材料出库单"图标，或执行菜单栏"库存"→"材料出库单"命令，打开"材料出库单"窗口，如图 7-40 所示。

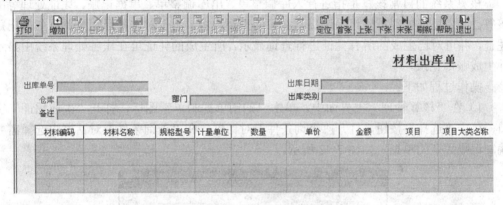

图 7-40　"材料出库单"窗口

2）单击"增加"按钮，新增一张材料出库单，录入仓库、材料名称和数量信息；单击"保存"按钮，保存数据；单击"审核"按钮，审核该张票据。

2. 产成品入库单

产成品入库单一般是指生产车间生产完毕的产成品验收入库时所填制的单据，它是工业企业入库单据的主要部分，商业企业没有该单据。产成品一般在入库时无法确定产品的总成本和单位成本，所以在填制产成品入库单时一般只填数量，不填单价和金额。

操作过程如下：

1）在"库存管理"主界面中，单击"产成品入库单"图标，打开"产成品入库单"窗口，如图 7-41 所示。

图 7-41　"产成品入库单"窗口

2）单击"增加"按钮，新增一张产成品入库单。

3）单击"保存"按钮，保存新增入库单。

4）单击"审核"按钮，审核该张产成品入库单。

7.3.4　核算系统日常核算

核算系统的日常核算是指进行入库调整单、出库调整单、单据记账、凭证处理等的核算。其中凭证处理是核算系统日常业务的重要内容，用于对本期已记账单据生成记账凭证，并可对已生成的所有凭证进行查询显示，所生成的凭证可在账务处理系统中显示并生成账簿记录。

操作过程如下：

1）在"核算管理"主界面中，单击"购销单据制单"图标，打开"生成凭证"窗口，单击"选择"按钮，打开"查询条件"对话框。在"查询条件"对话框中选择需要编制记账凭证的单据，如图 7-42 所示。

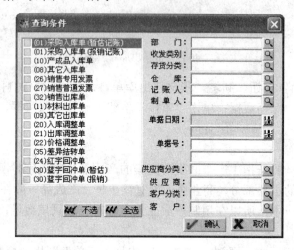

图 7-42　"查询条件"对话框

2）选择有关单据后，单击"确认"按钮，打开"正常单据记账"窗口，如图 7-43 所示。

选择	日期	单据号	仓库名称	收发类别	存货编码	存货名称	数量
	2019-01-18	0000000001	衬衣仓库	衬衣入库	021	衬衣	600.00
	2019-01-31	0000000004	其他仓库	羊绒衫入库	022	羊绒衫	500.00

图 7-43　"正常单据记账"窗口

3）单击"全选"按钮或双击某行记录选择栏目后，单击"确定"按钮，显示凭证记录，如图 7-44 所示。

凭证类别：记 记账凭证

选择	单据类型	单据号	摘要	科目类型	科目编码	科目名称	借方金额	贷方金额	借方数量	贷方数量
1	采购入库单	0000000004	采购入库单	存货	140301	布料	20000.00		1000.00	
				对方	1402	在途物资		20000.00		1000.00

图 7-44　凭证记录

4）单击"生成"按钮，生成相应记账凭证，如图 7-45 所示。

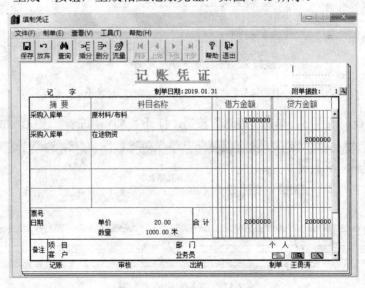

图 7-45　生成的记账凭证

5）单击"保存"按钮，保存凭证内容。

客户往来制单的操作方式和供应商往来制单的操作方式与购销单据制单的操作方式相同。

7.4 账表查询与月末处理

7.4.1 采购系统查询与月末处理

1. 采购明细表与统计表查询

操作过程如下：

1）执行菜单栏"采购"→"采购明细表"→"入库明细表"命令，打开"查询[入库明细表]"对话框，如图 7-46 所示。

图 7-46 "查询[入库明细表]"对话框

2）输入查询条件后，单击"确认"按钮，打开"入库明细表"窗口，如图 7-47 所示。

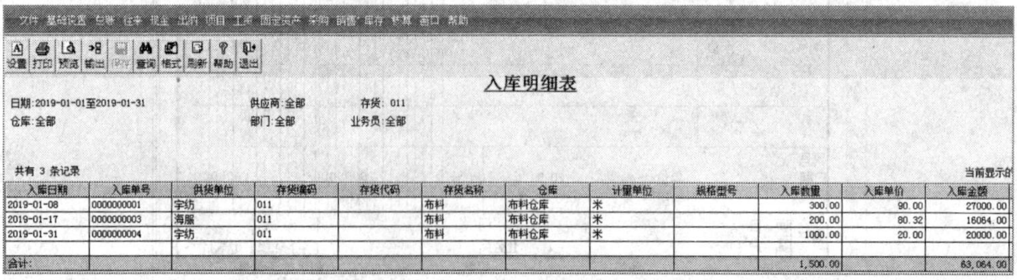

图 7-47 "入库明细表"窗口

2. 采购账簿查询

操作过程如下：

1）执行菜单栏“采购”→“采购账簿”→“在途货物余额表”命令，打开“条件输入”对话框，如图 7-48 所示。

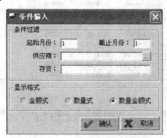

图 7-48　“条件输入”对话框

2）在“条件输入”对话框中输入查询条件后，单击“确认”按钮，打开“在途货物余额一览表”窗口，如图 7-49 所示。

供应商	存货	上期结余		本期采购		本期结算					本期结余	
		数量	金额	数量	金额	数量	金额	运杂费	损耗数量	非合理损耗金额	数量	金额
宇纺	布料	0.00	0.00	300.00	27,000.00	300.00	27,100.00	100.00	0.00	0.00	0.00	0.00
小计		0.00	0.00	300.00	27,000.00	300.00	27,100.00	100.00	0.00	0.00	0.00	0.00
海服	布料	0.00	0.00	200.00	16,000.00	200.00	16,064.00	64.00	0.00	0.00	0.00	0.00
海服	羊绒	500.00	50,000.00	100.00	10,000.00	600.00	60,040.00	40.00	0.00	0.00	0.00	0.00
小计		500.00	50,000.00	300.00	26,000.00	800.00	76,104.00	104.00	0.00	0.00	0.00	0.00
合计		500.00	50,000.00	600.00	53,000.00	1,100.00	103,204.00	204.00	0.00	0.00	0.00	0.00

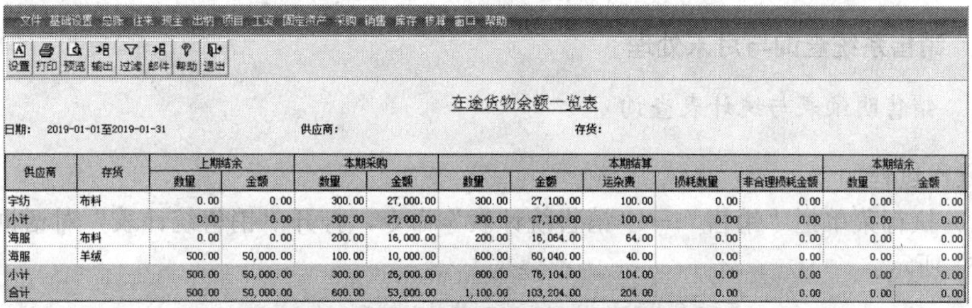

图 7-49　“在途货物余额一览表”窗口

3. 供应商往来账表

供应商往来账表可以提供供应商往来总账、供应商往来余额表、供应商往来明细账和供应商往来对账单等信息的查询。这些账表的查询方法与往来管理中供应商往来账簿的查询方法类似。

4. 月末结账

采购管理系统的月末结账是指将每月的采购单据逐月封存，并将当月的采购库数据记入有关账表中。采购管理进行月末处理后，才能进行库存管理、核算、总账的月末处理。

操作过程如下：

1）在“采购管理”主界面中，单击“月末结账”图标，打开“月末结账”对话框，如图 7-50 所示。

图 7-50 "月末结账"对话框（1）

2）双击需要结账月份的"选择标记"栏，单击"结账"按钮，系统开始进行合法性检查。检查通过，系统立即进行结账操作。

7.4.2 销售系统查询与月末处理

1. 销售明细表与统计表查询

操作过程如下：

1）执行菜单栏"销售"→"销售统计表"命令，打开"销售统计表"对话框，如图 7-51 所示。

图 7-51 "销售统计表"对话框

2）选定分组条件后，单击"确认"按钮，打开"销售统计表"窗口，如图 7-52 所示。

2. 销售明细账

执行菜单栏"销售"→"销售明细账"命令，可查询销售收入明细账、销售成本明细账、销售明细账、发货结算勾对表和劳务收入明细账。这些明细账的查询方法与销售统计表的查询方法类似。

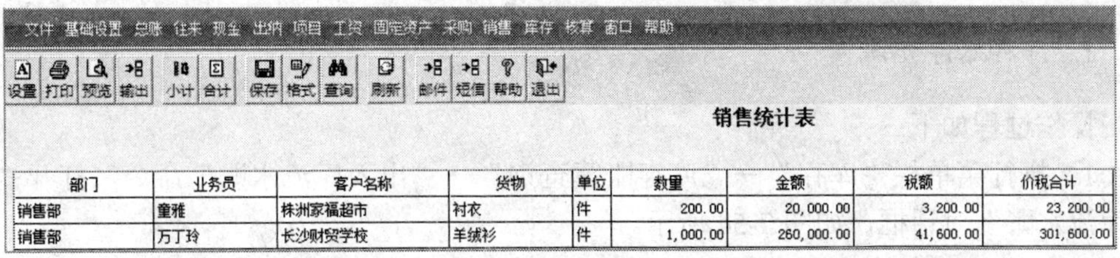

图 7-52 "销售统计表"窗口

3. 客户往来账表

执行菜单栏"销售"→"客户往来账表"命令，可以查询客户往来总账、客户往来余额表、客户往来明细账、客户对账单、业务账龄分析、客户期间对账单、应收对账单等。这些账表的查询方法与往来管理中客户往来账簿的查询方法类似。

4. 月末结账

销售管理系统的月末结账是指将每月的销售单据逐月封存，并将当月的销售库数据记入有关账表中。和采购系统一样，销售管理系统进行月末处理后才能进行库存管理和核算的月末处理。

操作过程如下：

1）在"销售管理"主界面中，单击"月末结账"图标，打开"月末结账"对话框，如图 7-53 所示。

图 7-53 "月末结账"对话框（2）

2）单击"月末结账"按钮，系统自动进行结账工作。

7.4.3　库存系统查询与月末处理

1. 库存账簿查询

操作过程如下：

1）执行菜单栏"库存"→"库存账簿查询"→"出入库流水账"命令，打开"出入库流水账"对话框，如图 7-54 所示。

图 7-54　"出入库流水账"对话框

2）选择相应查询条件后，单击"确认"按钮，打开"出入库流水账"窗口，如图 7-55 所示。

日期	单据号	仓库	存货编码	存货名称	规格型号	计量单位	收发类别	入库数量	出库数量
2019.01.08	0000000001	布料仓库	011	布料		米	采购入库	300.00	0.00
2019.01.13	0000000002	羊绒仓库	012	羊绒		公斤	采购入库	500.00	0.00
2019.01.17	0000000003	布料仓库	011	布料		米	采购入库	200.00	0.00
2019.01.17	0000000003	布料仓库	012	羊绒		公斤	采购入库	100.00	0.00
2019.01.18	0000000001	衬衣仓库	021	衬衣		件	衬衣入库	600.00	0.00
2019.01.31	0000000004	其他仓库	022	羊绒衫		件	羊绒衫入库	500.00	0.00
2019.01.31	0000000004	布料仓库	011	布料		米	采购入库	1,000.00	0.00
			合计					3,200.00	0.00

记录数：7　　共6张

出入库流水账

图 7-55　"出入库流水账"窗口

2. 月末结账

库存系统的月末结账是指结束本月的出入库单的登记工作，并将当月的出入库数据记入有关账表中。

操作过程如下：

1）在"库存管理"主界面中，单击"月末结账"图标；或执行菜单栏"库存"→"月末结账"命令，打开"结账处理"对话框，如图7-56所示。

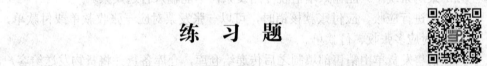

图7-56　"结账处理"对话框

2）将光标定位于未结账的月份，单击"结账"按钮，对该月进行结账；单击"取消"按钮，则对上个月取消结账，即已结账的最后一个月才能取消结账。

练 习 题

一、单选题

练习题答案7

1. 采购的原材料在输入存货档案时，"存货属性"一般应选择（　　）。

    A. 销售　　　　　B. 自制　　　　　C. 外购　　　　　D. 劳务费用

2.（　　）中有许多不同的费用发生，用户可在系统中将其设为费用项目。

    A. 采购过程　　　B. 生产过程　　　C. 销售过程　　　D. 库存过程

3. 用户可以通过"采购"菜单中的（　　）选项，设置业务控制参数选项。

    A."采购业务范围设置"　　　　　　B."期初余额"

    C."外购商品"　　　　　　　　　　D."往来设置"

4. 无论是工业企业还是商业企业，（　　）都是采购管理的核心单据。

    A. 采购订单　　　B. 采购入库单　　C. 销售订单　　　D. 采购发票

5. 库存系统的（　　）是结束本月的出入库单的登记工作。

    A. 记账　　　　　B. 查账　　　　　C. 对账　　　　　D. 结账

二、多选题

1. 购销存系统是以企业（　　）为主线的综合管理系统。
   A. 采购材料　　　B. 销售商品　　　C. 库存管理　　　D. 工资核算
2. 库存系统的初始化设置包括（　　）。
   A. 库存业务范围设置　　　　　　　B. 采购录入
   C. 销售发出　　　　　　　　　　　D. 期初数据的输入
3. 核算系统科目设置包括（　　）等内容。
   A. 存货科目　　　　　　　　　　　B. 存货对方科目
   C. 客户往来科目　　　　　　　　　D. 供应商往来科目
4. 销售发票是指企业给供应商开具的（　　）。
   A. 销售订单　　　B. 销售发货单　　　C. 增值税专用发票　D. 普通发票
5. 核算系统的日常核算是进行（　　）等内容的核算。
   A. 入库调整单　　　B. 出库调整单　　　C. 单据记账　　　D. 凭证处理

三、判断题

1. 存货分类是指按照存货固有的特征或属性，将其划分为不同的类别，以便于分类核算和统计。　　　　　　　　　　　　　　　　　　　　　　　（　　）
2. 采购系统中只能输入增值税专用发票，不能输入普通发票。　　　（　　）
3. 在进行应收、应付账款核销时，可以一张发票对应一张收款单或付款单，不能一张发票对应多张收、付款单。　　　　　　　　　　　　　　　　（　　）
4. 销售发货单由销售部填制之后传递给仓库，仓库备货并将货物发送给客户。
　　　　　　　　　　　　　　　　　　　　　　　　　　　　　　（　　）
5. 销售发票可以由销售部门参照发货单生成，也可以由销售部门参照采购订单生成或直接填制。　　　　　　　　　　　　　　　　　　　　　　　（　　）

实训 12　购销存管理系统上机练习

实训要求

1）购销存管理系统的初始化设置。
2）采购发票与销售发票的填制。
3）收款单与付款单的填制。
4）发票与收款单、付款单的核销。
5）账表查询。

实训准备

引入账套号为"235"的购销存系统账套，以"001"的身份登录用友畅捷通 T3 软件，日期为 2020 年 1 月 1 日。

实训资料

1. 输入期初资料

1）开户行编号：01；名称：中国建设银行；账号：888888。

2）客户档案：编号 003；类别：商业；名称：宏大公司；简称：宏大；税号：27991；开户银行：中国工商银行；账号：38001；联系地址：湖北武汉。

3）供应商档案：编号 004；类别：外地；名称：远大公司；简称：远大；税号：37883；开户银行：中国银行；账号：39001；联系地址：江西南昌。

4）设立付款条件：编码 01；付款条件：5/10，2/20，n/30。

5）"应收票据"账户的期初余额：（总账系统）2019 年 11 月 8 日；记字 35 号；客户：东方工厂；摘要：销售；金额：8 000。

6）"应付账款"账户的期初余额：（总账系统）2019 年 12 月 27 日，记字 66 号；供应商：长江工厂；摘要：采购；金额：8 000。

7）"应付账款"账户的期初余额：（采购系统）2019 年 12 月 27 日，购买长江工厂木板 200 米，每米 40 元，开具普通采购发票，发票号为 B0033，由供应部何甜负责。

8）期初采购专用发票：2019 年 12 月 28 日，购买黄河工厂木板 400 米，每米不含税单价 30 元，增值税税率为 13%，票号为 B0044，货物在途，由供应部赵虎负责。

9）采购系统、库存系统期初记账。

2. 日常业务

重新以"001"的身份注册，时间为 2020 年 1 月 31 日。

1）2020 年 1 月 4 日，供应部何甜从远大公司采购木板 500 米，单价 40 元，填制采购普通发票，票号为 C006。

2）2020 年 1 月 7 日，财务部赵芳开出支票，归还所欠远大公司的 20 000 元货款。填制付款单，摘要：付款；结算科目：银行存款。

3）自动核销上述业务。

4）2020 年 1 月 8 日，增加一张销售专用发票，客户：宏大公司；销售类型：普通销售；货物名称：餐桌；计量单位：套；销售部门：销售部；人员：李明；增值税税率为 13%；数量：200 套；不含税单价为 500 元，仓库：产品库。

5）2020 年 1 月 12 日，收到宏大公司支票一张，还来货款 113 000 元。填制收款单。

6）手动核销上述应收业务。

7）编制对应记账凭证。

3. 账表查询

1）查询全部供应商的供应商往来余额表。

2）查询全部客户的客户往来余额表。

3）查询供应商名为"远大公司"的供应商往来对账单。

4）查询客户名为"宏大公司"的客户往来明细账。

5）查询全部供应商往来总账。

第8章 综合实训

8.1 系统初始化操作

实训准备

以"系统管理员"的身份登录用友畅捷通 T3 系统，无密码。

实训资料

1. 增加操作员

增加的操作员信息如表 8-1 所示。

表 8-1 增加的操作员信息

编号	姓名	口令	所属部门
191	王勇涛	1	行政部
192	李明远	2	财务部
193	刘佩玲	3	财务部
194	林菲霏	4	财务部

2. 新建账套信息

（1）账套信息

账套号：036；账套名称：九龙公司；启用会计期：2020 年 1 月。

（2）单位信息

单位名称：湖南九龙股份有限公司；单位简称：九龙；单位地址：长沙市芙蓉区解放路 179 号；法人代表：龙腾；联系电话及传真：82756698；电子邮件：jiulong1988@QQ.com；税号：1892019371。

（3）核算类型

记账本位币：人民币（RMB）；企业类型：工业；行业性质：2007 年企业会计准则；账套主管：王勇涛；勾选"按行业性质预置科目"复选框。

（4）基础信息

存货进行分类；客户、供应商进行分类；有外币核算。

（5）业务流程

默认。

（6）分类编码方案

科目编码级次修改为4-2-2-2。

（7）立即启用账套

启用固定资产管理系统、总账系统、工资管理系统；启用时间为2020年1月1日。

3. 操作员授权

操作员权限如表8-2所示。

表8-2　操作员权限

编号	姓名	权限
191	王勇涛	账套主管
192	李明远	公用目录设置、总账
193	刘佩玲	总账
194	林菲霏	出纳签字、查询凭证（总账系统）

以"191王勇涛"的身份登录用友畅捷通T3系统，密码为1，操作日期为2020年1月1日。

4. 部门档案

部门档案信息如表8-3所示。

表8-3　部门档案信息

部门编码	部门名称	部门属性	电话
1	行政部	行政管理	82298008
2	财务部	财务核算	82298006
3	人事部	人力资源	82298002
4	生产部	生产车间	82298001
5	供应部	材料采购	82298007
6	销售部	产品销售	82298009
7	仓储部	库存管理	82298005

5. 职员档案

职员档案相关信息如表8-4所示。

表 8-4 职员档案相关信息

职员编号	职员名称	所属部门	属性
101	龙腾	行政部	总经理
102	王勇涛	行政部	财务总监
201	李明远	财务部	会计
202	刘佩玲	财务部	会计
203	林菲霏	财务部	出纳
301	段淳风	人事部	主管
401	张宝权	生产部	营运总监
402	李劝学	生产部	工人
501	何晓天	供应部	主管
502	姜雨	供应部	职员
601	万丁玲	销售部	主管
602	童雅	销售部	职员
701	周洲	仓储部	职员

6. 客户分类

客户分类相关信息如表 8-5 所示。

表 8-5 客户分类相关信息

分类编码	分类名称
01	学校
02	公司

7. 供应商分类

供应商分类相关信息如表 8-6 所示。

表 8-6 供应商分类相关信息

分类编码	分类名称
01	工厂
02	商店

8. 地区分类

地区分类相关信息如表 8-7 所示。

表 8-7　地区分类相关信息

分类编码	分类名称
01	长沙市
02	外地

9. 客户档案

客户档案相关信息如表 8-8 所示。

表 8-8　客户档案相关信息

客户编号	01	02
客户名称	长沙财经学校	株洲家福超市
简称	财经	家福
所属分类码	01	02
所属地区	01	02
所属行业	事业单位	企业单位
税号	98772351	369742232
法人	赵永真	张怀中
开户银行	中国光大银行	中国交通银行
银行账号	34293470	23290768
地址	长沙市开福区	株洲市红旗区
邮编	410009	521980
电话	0731485201	0735650309
传真	8485201	3650309
分管部门	销售部	销售部
业务员	万丁玲	童雅

10. 供应商档案

供应商档案相关信息如表 8-9 所示。

表 8-9　供应商档案相关信息

供应商编号	01	02
供应商名称	长沙宇翔纺织厂	海口服装加工集团
简称	宇纺	海服
所属分类码	01	01
所属地区	01	02
税号	61005458	71360983

法人	刘福来	林大盛
开户银行	中国工商银行	中国建设银行
银行账号	46753455	99768521
地址	长沙市岳麓区	海口市西城区
电话	07319504208	08538510434
传真	89504208	28510434
信用等级	AAA	AA
分管部门	供应部	供应部
业务员	何晓天	姜雨

11. 设置总账系统参数

1）不允许修改、作废他人填制的凭证。

2）出纳凭证必须经由出纳签字。

3）数量小数位、单价小数位均改为2。

4）部门、个人、项目排序方式均改为按编码排序。

5）取消制单序时控制。

12. 设置结算方式

结算方式相关信息如表8-10所示。

表8-10 结算方式相关信息

结算方式编码	结算方式名称	票据管理方式
1	委托收款	否
2	托收承付	否
3	银行本票	否
4	银行汇票	否
5	商业汇票	否
501	银行承兑汇票	否
502	商业承兑汇票	否
6	支票	否
601	现金支票	是
602	转账支票	是
7	汇兑	否
8	其他	否

13. 外币及汇率

币符：EUR；币名：欧元；汇率小数位改为4；固定汇率；1月记账汇率为7.756 5。

14. 会计科目修改

修改的会计科目相关信息如表 8-11 所示。

表 8-11　修改的会计科目相关信息

科目编码	科目名称	辅助账类型
1001	库存现金	日记账
1002	银行存款	日记账、银行账
1122	应收账款	客户往来
2202	应付账款	供应商往来
6602	管理费用	部门核算

15. 会计科目增加

增加的会计科目相关信息如表 8-12 所示。

表 8-12　增加的会计科目相关信息

总账科目	明细科目代码	明细科目名称	辅助核算	其他
银行存款	100201	人民币户	日记账、银行账	
	100202	欧元户	日记账、银行账	欧元
原材料	140301	布料	数量核算	米
	140302	羊绒	数量核算	千克
库存商品	140501	衬衣	数量核算	件
	140502	羊绒衫	数量核算	件
应付职工薪酬	221101	工资		
	221102	福利费		
	221103	社保		
应交税费	222101	应交增值税		
	22210101	进项税额		
	22210102	销项税额		
	22210103	已交税金		
	22210104	转出未交增值税		
	222102	应交所得税		
	222103	应交城建税		
	222104	未交增值税		
	222105	应交教育费附加		
	222106	个人所得税		
利润分配	410401	未分配利润		

续表

总账科目	明细科目代码	明细科目名称	辅助核算	其他
生产成本	500101	直接材料	项目核算	
	500102	直接人工	项目核算	
	500103	制造费用转入	项目核算	
主营业务收入	600101	衬衣	数量核算	件
	600102	羊绒衫	数量核算	件
主营业务成本	640101	衬衣	数量核算	件
	640102	羊绒衫	数量核算	件
管理费用	660201	工资及福利费	部门核算	
	660202	社保	部门核算	
	660203	差旅费	部门核算	
	660204	办公费	部门核算	
	660205	折旧费	部门核算	
	660206	材料费	部门核算	
	660207	其他	部门核算	

16. 指定会计科目

"库存现金"设置为现金总账科目，"银行存款"设置为银行存款总账科目。

17. 项目大类设置

各项目设置内容如表 8-13 所示。

表 8-13　各项目设置内容

项目设置	设置内容
项目大类	生产成本
核算科目	直接材料
	直接人工
	制造费用转入
项目分类定义	编码：1；名称：产品生产
	编码：2；名称：来料加工
项目目录	编号：101；名称：衬衣生产（所属分类码：1）
	编号：201；名称：羊绒衫生产（所属分类码：1）

18. 设置凭证类别

凭证设置为通用记账凭证，无限制类型。

19. 设置开户银行

开户银行相关信息如表 8-14 所示。

表 8-14　开户银行相关信息

编号	名称	账号	暂封标志
1	中国工商银行新星支行	98020191	否

20. 设置付款条件

编号：1；付款条件：2/10　1/20　$n/30$。

编号：2；付款条件：3/20　1/40　$n/60$。

21. 输入总账期初余额

总账期初余额相关信息如表 8-15 所示。

表 8-15　总账期初余额相关信息

科目名称	方向	辅助核算	计量	期初余额/元
库存现金	借	日记账		9 000
银行存款	借	日记账、银行账		
人民币户	借	日记账、银行账		732 100
应收账款	借	客户往来		113 000
其他应收款	借			3 680
在途物资	借			50 000
原材料	借			
布料	借	数量核算	500 米	40 000
羊绒	借	数量核算	200 千克	20 000
库存商品	借			
衬衣	借	数量核算	300 件	24 000
羊绒衫	借	数量核算	100 件	15 000
周转材料	借			2 320
固定资产	借			218 500
累计折旧	贷			53 100
短期借款	贷			100 000
应付账款	贷	供应商往来		33 900
应交税费	贷			
未交增值税	贷			1 900
实收资本	贷			1 000 000
利润分配	贷			
未分配利润	贷			38 700

22. 录入辅助账期初余额

（1）应收账款

应收账款相关信息如表 8-16 所示。

表 8-16 应收账款相关信息   单位：元

日期	客户	摘要	方向	金额	业务员
2019-12-11	长沙财经学校	销售	借	113 000	万丁玲

（2）应付账款

应付账款相关信息如表 8-17 所示。

表 8-17 应付账款相关信息   单位：元

日期	供应商	摘要	方向	金额	业务员
2019-12-18	长沙宇翔纺织厂	购买材料	贷	33 900	何晓天

23. 试算平衡

单击"试算"按钮，进行试算平衡检验。

8.2 凭证业务处理

实训准备

以"192 李明远"的身份登录用友畅捷通 T3 系统，密码为 2，操作日期为 2020 年 1 月 1 日。

实训资料

1. 常用摘要输入

常用摘要及编码如表 8-18 所示。

表 8-18 常用摘要及编码

编码	摘要	编码	摘要
01	提取现金	06	支付办公费
02	采购材料	07	收回货款
03	销售产品	08	报销差旅费
04	材料入库	09	向银行借款
05	盘亏核销	10	现金短缺

179

编码	摘要	编码	摘要
11	结转制造费用	15	接受投资
12	计提利息	16	支付广告费
13	交税	17	领用材料
14	结转完工产品成本	18	结转已销售产品成本

2. 编制记账凭证

时间均为 2020 年 1 月，银行存款均为人民币户。

1）1 日，供应部姜雨报销差旅费 1 900 元，财务部收到其退回的现金 100 元，附单据 3 张。

2）3 日，以现金方式支付行政部办公经费 165 元，附单据 2 张。

3）7 日，向中国工商银行借入期限为 3 年的长期借款，金额 500 000 元，结算方式为"其他"，票号为 Q001，附单据 4 张。

4）14 日，财务部开出现金支票，票号为 X001，从银行提取现金 3 000 元，附单据 1 张。

5）18 日，财务部开出转账支票，票号为 X002，金额为 9 800 元，用以支付广告费用，附单据 2 张。

6）21 日，现金盘点过程中发现实存数比账面数短缺 600 元，原因待查，附单据 1 张。

7）23 日，经主管同意，财务部盘亏现金 600 元转作管理费用（财务部），附单据 2 张。

8）30 日，计提本月短期借款利息，年利率为 12%，长期借款利息暂不计提，附单据 1 张。

9）30 日，汇总领料单。其中生产部为生产衬衣领用布料 450 米；为生产羊绒衫领用羊绒 200 千克，材料均采用先进先出法核算，附单据 5 张。

3. 凭证查询

1）查询凭证日期为 1 月 7 日的记账凭证。
2）查询科目为"银行存款"的记账凭证。

4. 凭证修改

1）在时间为 1 月 3 日的记账凭证中，将办公经费修改为 195 元。
2）在时间为 1 月 18 日的记账凭证中，将附单据数改为 3，票号改为 Z001。

5. 凭证作废与删除

作废并删除 1 月 30 日汇总领料单的记账凭证。

6. 出纳签字

更换操作员为"194 林菲霏",对所有收付款凭证执行出纳签字。

7. 审核凭证

更换操作员为"193 刘佩玲",对所有凭证进行审核。

8. 记账

更换操作员为"191 王勇涛",对所有已审核的凭证进行记账。

8.3 工资管理系统业务处理

实训准备

以"191 王勇涛"的身份登录用友畅捷通 T3 系统,密码为 1,操作日期为 2020 年 1 月 1 日,进入工资管理系统。

实训资料

1. 建立工资账套

工资类别个数:单个;核算币种:人民币;要求代扣个人所得税;进行扣零处理,扣零至元;人员编码长度:3 位;启用日期:2020 年 1 月 1 日;要求预置工资项目。

2. 基础信息设置

1)人员类别设置:公司管理、生产管理、衬衣生产、羊绒衫生产、销售人员。
2)银行名称增加:中国工商银行新星支行;账号长度:11。
3)人员档案(银行均为中国工商银行新星支行):人员档案相关信息如表 8-19 所示。

表 8-19 人员档案相关信息

人员编号	人员姓名	部门名称	人员类别	进入日期	账号
101	龙腾	行政部	公司管理	2011-10-18	10192008301
102	王勇涛	行政部	公司管理	2011-10-18	10192008302
201	李明远	财务部	公司管理	2012-03-15	10192008303
301	段淳风	人事部	公司管理	2011-10-18	10192008304
401	张宝权	生产部	生产管理	2011-11-09	10192008305

人员编号	人员姓名	部门名称	人员类别	进入日期	账号
402	李劝学	生产部	衬衣生产	2013-11-15	10192008306
403	秦学明	生产部	羊绒衫生产	2018-01-05	10192008307
501	何晓天	供应部	公司管理	2014-10-19	10192008308
502	姜雨	供应部	公司管理	2015-08-09	10192008313
601	万丁玲	销售部	销售人员	2012-04-30	10192008309
602	童雅	销售部	销售人员	2015-06-17	10192008310
701	周洲	仓储部	公司管理	2016-08-06	10192008311

4）工资项目相关信息如表 8-20 所示。

表 8-20　工资项目相关信息

项目名称	类型	长度	小数位数	增减项
基本工资	数字	10	2	增项
岗位工资	数字	10	2	增项
加班工资	数字	8	2	增项
奖金	数字	8	2	增项
生活补贴	数字	8	2	增项
交通补助	数字	8	2	增项
事假天数	数字	4	0	其他
病假天数	数字	4	0	其他
日工资	数字	8	2	其他
代扣房租水电	数字	6	2	其他

5）计算公式：

日工资：基本工资/21.75。

交通补助：Iff(人员类别="销售人员"OR 部门="行政部", 200, 100)。

生活补贴：基本工资×0.2。

缺勤扣款合计：事假天数×日工资+病假天数×日工资×0.3。

应发合计：基本工资+岗位工资+加班工资+奖金+生活补贴+交通补助。

社保及公积金扣款合计：Iff(部门="生产部", 应发合计×0.12, 应发合计×0.1)。

其他代扣款合计：代扣房租水电。

3. 工资变动数据

（1）日常工资数据

日常工资数据相关信息如表 8-21 所示。

表 8-21 日常工资数据相关信息 单位：元

人员姓名	基本工资	岗位工资	加班工资	奖金	代扣房租水电
龙腾	6 525	1 000	0	400	729
王勇涛	6 100	900	100	600	544
李明远	5 700	700	200	500	409
段淳风	5 655	800	0	0	650
张宝权	5 500	900	150	800	618
李劝学	3 600	500	300	300	300
秦学明	2 700	400	0	100	237
何晓天	5 220	800	0	400	576
姜雨	3 830	500	0	300	102
万丁玲	5 200	800	100	600	512
童雅	4 600	600	200	800	399
周洲	4 785	600	0	0	485

（2）其他工资变动数据

1）龙腾请病假 2 天，段淳风请事假 8 天，何晓天请事假 1 天，周洲请病假 5 天。

2）因公司产品通过国际认证评估，公司所有管理类人员奖金增加 200 元（数据替换）。

4. 扣缴个人所得税

进入"扣缴个人所得税"窗口，将对应工资项目调整为"税前工资"，代扣个人所得税基数改为 5 000，再次进入"工资变动"窗口，保存并重新计算工资。

5. 查询工资

查询工资分钱清单，生成"中国工商银行新星支行银行代发一览表"。

6. 工资费用分配（工资分摊）

1）计提类型名称：计提工资；分摊计提比例：100%。具体内容如表 8-22 所示。

表 8-22 不同部门应付工资

部门	类别	项目：应付工资	
		借方	贷方
行政部、财务部、人事部、供应部、仓储部	公司管理	管理费用——工资及福利费	应付职工薪酬——工资
生产部	生产管理	制造费用	应付职工薪酬——工资
生产部	衬衣生产	生产成本——直接人工	应付职工薪酬——工资
生产部	羊绒衫生产	生产成本——直接人工	应付职工薪酬——工资
销售部	销售人员	销售费用	应付职工薪酬——工资

2）编制计提工资的记账凭证。

3）计提类型名称：计提生产部门社保；分摊计提比例：12%。具体内容如表8-23所示。

表8-23 生产部门工资应发合计

部门	类别	项目：应发合计	
		借方	贷方
生产部	生产管理	制造费用	应付职工薪酬——社保
生产部	衬衣生产	生产成本——直接人工	应付职工薪酬——社保
生产部	羊绒衫生产	生产成本——直接人工	应付职工薪酬——社保

4）编制计提生产部门社保的记账凭证。

5）计提类型名称：计提其他部门社保；分摊计提比例：10%。具体内容如表8-24所示。

表8-24 其他部门工资应发合计

部门	类别	项目：应发合计	
		借方	贷方
行政部、财务部、人事部、供应部、仓储部	公司管理	管理费用——社保	应付职工薪酬——社保
销售部	销售人员	销售费用	应付职工薪酬——社保

6）编制计提其他部门社保的记账凭证。

7. 查询

1）查询生产部的工资发放条。

2）查询销售部全部项目的员工工资项目统计表。

3）查询纳税所得申报表，调整应纳税所得额。

8.4 固定资产管理系统业务处理

实训准备

以"191王勇涛"的身份登录用友畅捷通T3系统，密码为1，操作日期为2020年1月1日，进入固定资产管理系统。

实训资料

1. 固定资产初始化资料

（1）控制参数

控制参数相关信息如表8-25所示。

表 8-25　控制参数相关信息

控制参数	参数设置
约定与说明	我同意
启用月份	2020.1
折旧信息	折旧方法：平均年限法（一）　其余默认
编码方式	自动编码：类别编号+序号；序号长度：5
与财务系统进行对账	对账科目分别为"1601，固定资产""1602，累计折旧"
补充参数	可纳税调整的增加方式：直接购入、投资者投入、捐赠；固定资产默认入账科目：1601；累计折旧默认入账科目：1602；可抵扣税额入账科目：22210101

（2）固定资产类别

固定资产相关信息如表 8-26 所示。

表 8-26　固定资产相关信息

编码	类别名称	使用年限/年	净残值率/%	计量单位	计提属性
01	房屋建筑类	50	10	栋	正常计提
02	机器设备类	10	6	台	正常计提
03	交通运输类	8	5	辆	正常计提
04	电子设备类	6	4	台	正常计提

（3）部门对应折旧科目

不同部门对应的折旧科目如表 8-27 所示。

表 8-27　不同部门对应的折旧科目

部门	对应科目
行政部、财务部、人事部、供应部、仓储部	管理费用——折旧费
生产部	制造费用
销售部	销售费用

（4）增减方式的对应入账科目

增减方式对应的入账科目相关信息如表 8-28 所示。

表 8-28　增减方式对应的入账科目相关信息

增减方式目录	对应入账科目
增加方式	
直接购入	银行存款——人民币户
投资者投入	实收资本

续表

增减方式目录	对应入账科目
捐赠	营业外收入
盘盈	待处理财产损溢
在建工程转入	在建工程
减少方式	
出售	固定资产清理
盘亏	待处理财产损溢
毁损	固定资产清理
报废	固定资产清理

（5）固定资产原始卡片

固定资产原始卡片相关信息如表 8-29 所示。

表 8-29　固定资产原始卡片相关信息

固定资产卡片项目	项目 1	项目 2	项目 3
固定资产名称	办公楼	缝纫设备	计算机
类别编号	01	02	04
规格型号	商用房	FW04 型	联想办公型
所属部门	行政部	生产部	销售部
存放地点	办公区	生产区	销售部
增加方式	投资者投入	在建工程转入	直接购入
使用状况	在用	在用	在用
使用年限/年	50	10	6
折旧方法	平均年限法（一）	平均年限法（一）	平均年限法（一）
开始使用日期	2013-12-01	2018-02-18	2019-01-01
原值/元	200 000	12 000	6 500
累计折旧/元	50 000	2 400	700
净残值率/%	10	6	4
对应折旧科目	管理费用——折旧费	制造费用	销售费用

2. 固定资产日常核算（重新注册，时间调整为 1 月 31 日）

2020 年 1 月发生下列业务（固定资产增加、减少及计提折旧的处理）：

1）12 日，行政部购买汽车一辆，型号：卡罗拉自动，交通运输类，原价 100 000 元，增值税税额 13 000 元，净残值率为 5%，预计使用 8 年，以转账支票方式支付，票号为 Z002，已投入使用，存放地点：办公区。

2）22 日，财务部购买打印机一台，型号：惠普一体机，电子设备类，原价 4 000 元，增值税税额 520 元，净残值率为 4%，预计使用 6 年，以现金方式支付，已投入使用，存放地点：财务部。

3）31 日，计提本月折旧费用（不生成记账凭证）。

4）31 日，生产部缝纫设备毁损，进行资产减少处理。

5）31 日，编制上述记账凭证。

3. 调整控制参数

业务发生后立即制单。

4. 固定资产变动处理

1）使用状况变动：31 日，行政部办公楼因更新改造，使用状况由"在用"转为"大修理停用"。

2）计提减值准备：31 日，销售部计算机因市场价值变动，计提减值准备 1 000 元。

3）资产评估：行政部办公楼进行资产评估，可评估项目为"原值"和"净值"，手动选择，原值调整为 320 000 元，净值调整为 270 000 元。

4）生成计提折旧的记账凭证。

5. 查询

1）查询部门构成分析表（按类别的第一级汇总）。

2）查询固定资产统计表（按部门统计）。

3）查询固定资产折旧计算明细表（部门为行政部）。

4）查询固定资产管理系统生成的记账凭证。

6. 删除凭证

因固定资产变动，原有计提折旧的记账凭证需删除，并在总账系统中整理凭证；重新计提折旧并生成记账凭证。

8.5 购销存管理系统业务处理

实训准备

以"191 王勇涛"的身份登录"系统管理"，密码为 1。

实训资料

1. 成本核算

本公司存货采用实际成本核算，启用核算、购销存管理，时间均为 2020 年 1 月

1 日。

2. 授权

授予李明远核算、采购、销售、库存、应收、应付、往来管理的权限。

3. 登录

以"192 李明远"的身份登录用友畅捷通 T3 系统，密码为 2，操作日期为 2020年 1 月 1 日。

4. 存货分类

存货分类相关信息如表 8-30 所示。

表 8-30　存货分类相关信息

存货类别编码	存货类别名称
01	原材料
02	库存商品
03	其他

5. 存货档案（存货代码不需输入）

存货档案相关信息如表 8-31 所示。

表 8-31　存货档案相关信息

存货编码	名称	计量单位	存货属性	税率/%	备注
01	原材料				
011	布料	米	外购、生产耗用	13	生产衬衣用
012	羊绒	千克	外购、生产耗用	13	生产羊绒衫用
02	库存商品				
021	衬衣	件	自制、在制、销售	13	参考售价 100 元
022	羊绒衫	件	自制、在制、销售	13	参考售价 300 元
03	其他				
031	运输费	元	劳务费用	9	

6. 仓库档案

仓库档案相关信息如表 8-32 所示。

表 8-32　仓库档案相关信息

仓库编码	仓库名称	所属部门	负责人	计价方式
1	布料仓库	仓储部	周洲	先进先出法
2	羊绒仓库	仓储部	周洲	先进先出法
3	衬衣仓库	仓储部	周洲	全月一次加权平均法
4	其他仓库	仓储部	周洲	全月一次加权平均法

7. 收发类别（先删除"销售类型"中的记录）

收发类别相关信息如表 8-33 所示。

表 8-33　收发类别相关信息

收发类别编码	收发类别名称	收发标志	收发类别编码	收发类别名称	收发标志
1	入库类别	收	2	出库类别	发
121	衬衣入库	收	211	衬衣出库	发
122	羊绒衫入库	收	212	羊绒衫出库	发
17	盘盈入库	收	26	盘亏出库	发
18	调拨入库	收	27	调拨出库	发

8. 采购、销售类型

采购、销售类型相关信息如表 8-34 所示。

表 8-34　采购、销售类型相关信息

采购类型编码	采购类型名称	入库类别	是否默认值
00	普通采购	采购入库	是
01	其他采购	其他入库	否
销售类型编码	销售类型名称	出库类别	是否默认值
01	销售衬衣	衬衣出库	是
02	销售羊绒衫	羊绒衫出库	否
03	其他销售	其他出库	否

9. 产品结构

生产部产品结构相关信息如表 8-35 所示。

表 8-35　生产部产品结构相关信息

父项编码	父项名称	子项编码	子项名称	定额数量	存放仓库
021	衬衣	011	布料	2	布料仓库
022	羊绒衫	012	羊绒	1.5	羊绒仓库

10. 存货科目

不同仓库存货信息如表 8-36 所示。

表 8-36　不同仓库存货信息

仓库编码	仓库名称	存货编码	存货科目
1	布料仓库	1	原材料——布料
2	羊绒仓库	1	原材料——羊绒
3	衬衣仓库	2	库存商品——衬衣
4	其他仓库	2	库存商品——羊绒衫

11. 存货对方科目

存货对方科目相关信息如表 8-37 所示。

表 8-37　存货对方科目相关信息

收发类别	存货分类	存货名称	项目大类	项目名称	对方科目
采购入库					在途物资
衬衣入库	库存商品	衬衣	生产成本	衬衣生产	生产成本——直接材料
羊绒衫入库	库存商品	羊绒衫	生产成本	羊绒衫生产	生产成本——直接材料
盘盈入库					待处理财产损溢
衬衣出库	库存商品	衬衣			主营业务成本——衬衣
羊绒衫出库	库存商品	羊绒衫			主营业务成本——羊绒衫
盘亏出库					待处理财产损溢

12. 客户往来科目

客户往来科目的设置包括基本科目设置（表 8-38）、产品科目设置（表 8-39）及结算方式科目设置（表 8-40）。

表 8-38　基本科目设置

应收科目	应交增值税科目	现金折扣科目
应收账款	应交税费——应交增值税——进项税额	财务费用

表 8-39 产品科目设置

存货编码	存货名称	销售收入科目
021	衬衣	主营业务收入——衬衣
022	羊绒衫	主营业务收入——羊绒衫

表 8-40 结算方式科目设置

支票	汇兑	银行本票	银行汇票	商业承兑汇票	银行承兑汇票
科目均为银行存款——人民币户				应收票据	应收票据

13. 供应商往来科目

供应商往来科目的设置包括基本科目设置（表 8-41）和结算方式科目设置（表 8-42）。

表 8-41 基本科目设置

应付科目	采购科目	采购税金科目	现金折扣科目
应付账款	在途物资	应交税费——应交增值税——进项税额	财务费用

表 8-42 结算方式科目设置

支票	汇兑	银行本票	银行汇票	商业承兑汇票	银行承兑汇票
银行存款——人民币户		其他货币资金		应付票据	应付票据

14. 库存期初余额

库存期初余额相关信息如表 8-43 所示。

表 8-43 库存期初余额相关信息

仓库名称	存货科目	存货名称	数量	金额/元	单价/元
布料仓库	原材料	布料	500 米	40 000	80
羊绒仓库	原材料	羊绒	200 千克	20 000	100
衬衣仓库	库存商品	衬衣	300 件	24 000	80
其他仓库	库存商品	羊绒衫	100 件	15 000	150

15. 往来期初资料

（1）应收账款期初余额 113 000 元

发票号默认。2019 年 12 月 11 日，向长沙财经学校销售衬衣 1 000 件，不含税单价为 100 元，增值税税率为 13%，开具增值税销售专用发票。科目编号：应收账款；备注：

衬衣销售；付款条件：无，经手人为销售部万丁玲；到期日：2020 年 1 月 30 日，与总账核对。

（2）应付账款期初余额 33 900 元

发票号为 F0018。2019 年 12 月 18 日，从长沙宇翔纺织厂购买羊绒 300 千克，不含税单价为 100 元，增值税税率为 13%，收到采购专用发票。备注：购买材料；付款条件：无；科目编号：应付账款，经手人为供应部何晓天；到期日：2020 年 2 月 1 日，与总账核对。

16. 在途物资期初资料

发票号为 H0029。2019 年 12 月 20 日，从海口服装加工集团购买羊绒 500 千克，不含税单价为 100 元，增值税税率为 13%，收到采购专用发票。采购类型：普通采购；代垫单位与付款条件：无，经手人为供应部姜雨，材料尚未运到；到期日：2020 年 1 月 21 日。

17. 购销存系统期初记账

采购系统、库存系统期初记账。

18. 本月购销存业务

1）1 月 3 日，供应部何晓天从长沙宇翔纺织厂购买布料 300 米，不含税单价为 90 元，增值税税率为 13%，取得对方单位开出的增值税发票，发票号 YX001，财务部林菲霏开出转账支票支付全部款项，支票号为 Z001，材料尚未运到。采用现结方式，填写采购专用发票，编制记账凭证。

2）1 月 5 日，销售部童雅向株洲家福超市销售衬衣 200 件，不含税单价为 100 元，增值税税率为 13%，销售类型：产品销售，产品已发出，款项尚未收到。填写发货单、销售出库单、销售专用发票，编制记账凭证。

3）1 月 6 日，财务部林菲霏采用电汇方式支付所欠长沙宇翔纺织厂羊绒货款 33 900 元，票号为 XH001。填写付款单，核销制单。

4）1 月 8 日，从长沙宇翔纺织厂购买的布料验收入库，实收数量为 300 米，经手人为供应部姜雨。填写入库单，采购结算，购销单据制单。

5）1 月 10 日，财务部林菲霏收到株洲家福超市开出的银行汇票一张，金额为 22 600 元，票号为 ZY001，已办理进账单，款项收妥。填写收款单，核销制单。

6）1 月 12 日，财务部刘佩玲收到运费发票一张，票号为 YF001，不含税运费为 100 元，增值税税率为 9%，系上月向海口服装加工集团购买羊绒发生的运费，开出转账支票支付，票号为 Z002。采用现结方式，填写运费发票，编制记账凭证。

7）1 月 13 日，上月向海口服装加工集团购买的羊绒验收入库，实收数量 500 千克，经手人为供应部姜雨。填写入库单，采购结算，购销单据制单。

8）1 月 15 日，财务部林菲霏收到长沙财经学校转账支票一张，票号为 CM001，金额 113 000 元，已办理银行进账。填写收款单，核销制单。

9）1 月 17 日，供应部姜雨向海口服装加工集团购买布料 200 米，不含税单价为 80 元，购买羊绒 100 千克，不含税单价为 100 元，增值税税率为 13%，发生不含税运费 110 元，运费的增值税税率为 9%，款项尚未支付，材料验收入库，运费按买价分摊。填写采购发票、核销制单；填写入库单、采购结算、购销单据制单。

10）1 月 18 日，产品完工入库，衬衣完工 600 件，羊绒衫完工 500 件。填写产品入库单。

11）1 月 20 日，销售部万丁玲向长沙财贸学校销售衬衣 500 件，不含税单价为 120 元；销售羊绒衫 500 件，不含税单价为 400 元，增值税税率为 13%，销售类型：产品销售，收到长沙财经学校转账支票一张，票号为 CM002，金额 239 800 元，已办理银行进账。采用现结方式，填制发货单、销售专用发票、销售出库单、记账凭证。

12）1 月 30 日，汇总领料情况如下：生产部生产衬衣领用布料 600 米，生产羊绒衫领用羊绒 500 千克；行政部领用布料 80 米；销售部领用布料 20 米，领用羊绒 10 千克。填制各部门材料出库单、购销单据制单。

13）1 月 30 日，审核所有销售出库单并进行正常单据记账。

19. 更换身份

更换"194 林菲霏"的身份执行出纳签字，更换"192 李明远"的身份进行审核，更换"191 王勇涛"的身份进行记账。

8.6 月 末 处 理

实训准备

以"192 李明远"的身份登录用友畅捷通 T3 系统，密码为 2，操作日期为 2020 年 1 月 31 日。

实训资料

1. 自定义转账凭证

按生产定额工时分配制造费用，衬衣生产耗用 6 000 工时，羊绒衫生产耗用 4 000 工时。转账序号：1；转账说明：结转制造费用；凭证类别：记账凭证。具体内容如表 8-44 所示。

表 8-44   结转制造费用相关信息

摘要	科目名称	方向	项目	金额公式
结转制造费用	500103	借	衬衣生产	JG( )×0.6
结转制造费用	500103	借	羊绒衫生产	JG( )×0.4
结转制造费用	5101	贷		QM(5101，月)

转账序号：2；转账说明：计提所得税；凭证类别：记账凭证。具体内容如表 8-45 所示。

表 8-45   计提所得税相关信息

摘要	科目名称	方向	金额公式
计提所得税	6801	借	JG( )
计提所得税	222102	贷	QM（4103，月）×0.2

2. 设置"期间损益"

凭证类别：记账凭证；"本年利润"科目设置为"4103"。

3. 自动转账凭证的生成

生成"结转制造费用"的自定义转账凭证，更换"193 刘佩玲"的身份进行审核，更换"191 王勇涛"的身份记账。

4. 产品成本的核算

1）更换"192 李明远"的身份，进行本期产品入库成本的归集和分配，编制记账凭证。

2）对采购、销售、库存系统进行结账，更换"192 李明远"的身份进行审核，更换"191 王勇涛"的身份进行记账。

3）进行正常单据记账和月末处理以后，分别生成结转本月产品销售成本的记账凭证。

5. "期间损益"凭证生成

生成期间损益结转的记账凭证，类型选择"全部"，科目全选，勾选"包含未记账凭证"选项，更换"193 刘佩玲"的身份进行审核，更换"191 王勇涛"的身份记账。

6. "计提所得税"凭证生成

生成"计提所得税"的自定义转账凭证，更换"193 刘佩玲"的身份进行审核，更换"191 王勇涛"的身份记账。

7. 账簿查询

1）查询"应交税费"总账，并联查明细账。
2）查询"原材料——布料"数量金额式明细账。
3）查询负债类账户余额表。
4）查询行政部"管理费用——工资及福利费"部门三栏式明细账。

8. 对账、结账

对账、核算系统、工资管理系统、固定资产管理系统、总账系统结账。

8.7 会计报表

实训准备

以"191 王勇涛"的身份登录"系统管理"，密码为 1，操作日期为 2020 年 1 月 31 日。

实训资料

1. 自定义报表

报表样式如表 8-46 所示。

表 8-46 报表样式

期间费用分析表			
编制单位：九龙公司 　　　　　年　月			单位：元
费用名称	管理费用	财务费用	销售费用	合计
本月借方发生额				
所占期间费用比例				
	制表日期		制表人	

编制过程如下：

1）定义报表尺寸为 6 行 5 列。

2）对 A1:E1 单元格进行整体组合，对 A2:E2 单元格按行组合，对表格主体 A3:E5 单元格进行区域划线，按默认类型与样式。

3）对照样表录入相关文字部分（"年"和"月"暂不录入）。

4）调整标题"期间费用分析表"这一行，将行高调整为 9；A 列列宽调整为 39；其他列宽调整为 31。

5）标题"期间费用分析表"设置为黑体、20 号、水平垂直居中；表体中内容均设置为黑体、11 号、水平垂直居中；"制表日期""制表人"均设置为宋体、10 号、水平右对齐、垂直居中。

6）设置"年""月"为关键字，设置偏移量为-230、-200。

7）设置各项费用的报表公式，分析填列 E4、B5、C5、D5 单元格公式。

8）将报表保存到 D 盘文件夹中，重命名为"期间费用分析表"。

9）输入关键字"2020 年 1 月"，生成报表数据。

10）输入制表日期、制表人姓名，在"显示风格"中勾选"单元类型颜色显示"复选框。

2. 建立并生成利润表

新建报表，模板分类选择"一般企业（2007 年企业会计准则）"，模板选择"利润表"，生成 2020 年 1 月利润表数据。

将生成的报表重命名为"1 月利润表"，保存到 D 盘文件夹中。

参 考 文 献

龚中华，何平，2009. 用友财务软件培训教程（用友 T3 版）[M]. 北京：人民邮电出版社.

湖南省会计从业资格考试学习丛书委员会，2012. 初级会计电算化[M]. 北京：中国人民大学出版社.

孙莲香，2011. 财务软件实用教程（用友 T3 版）[M]. 北京：清华大学出版社.

周晓峰，2008. 会计电算化[M]. 北京：清华大学出版社.